Domingo Manera

# CURSO DE DIBUJO PARA NIÑOS DE 3 A 12 AÑOS

EDITORIAL DE VECCHI, S.A.

© Editorial De Vecchi, S. A. 1995

El Código Penal vigente sanciona a «... quien intencionadamente reprodujere, plagiare, distribuyere o comunicare públicamente, en todo o en parte, una obra literaria, artística o científica o su transformación o una interpretación o ejecución artística fijada en cualquier tipo de soporte o comunicada a través de cualquier medio, sin la autorización de los titulares de los correspondientes derechos de propiedad intelectual o de sus cesionarios. La misma pena se impondrá a quien intencionadamente importare, exportare o almacenare ejemplares de dichas obras o producciones sin la referida autorización.» (Artículo 534 bis, a).

Editorial De Vecchi, S. A.
Balmes, 247. 08006 BARCELONA
Depósito legal: B. 43.729-1995
ISBN: 84-315-1494-9

# *Introducción*

Todos los niños, de tres a cuatro años, se divierten garabateando. Apenas pueden apoderarse de una tiza, de un lápiz, de un trocito de carbón o de cualquier otro objeto que permita trazar signos, el niño se dedica con verdadera pasión a este pasatiempo por el puro placer de transformar una superficie lisa y uniforme en cualquier cosa nueva y de un vago significado, gracias a la propia actividad creadora. Las aceras y las paredes de las casas de los barrios populares son un elocuente testimonio de tal actividad.

Los educadores comprenden y aprecian este grafismo infantil. Merced a los estudios de los mejores pedagogos, hoy en día se sabe que el dibujo infantil, aparte todo juicio estético y cualquier consideración sobre eventuales destrozos, debe considerarse como una manifestación exterior de la representación mental que el pequeño autor se hace sobre el mundo que le rodea. El dibujo del niño frecuentemente corresponde a una necesidad psicológica derivada de la continua percepción de imágenes. Aunque muchos padres lo ven todavía como un juego pueril que no merece ninguna atención, hay que hacerse a la idea de que constituye el inicio de una verdadera y particular actividad cultural. No debemos olvidar cuán simple es satisfacer el natural deseo del niño. Concédasele un cuaderno y un lápiz y así evitaremos manchas y borrones. El niño se entretiene en una actividad tranquila y silenciosa, verdadero alivio para los padres y educadores que durante todo el día han de soportar la constante actividad, propia de una infancia sana. Aparte de las consideraciones de tipo psicológico y cultural, éste es, ciertamente, uno de los motivos que ha ocasionado la entrada del dibujo en la escuela infantil y primaria.

Resulta evidente para todos los padres que el colegial ejercita útilmente su voluntad y su espíritu de observación en los dibujos, que enseña cual trofeos. Por desgracia, cuando los niños alcanzan la edad escolar y dedican las horas semanales asignadas en el currículum escolar a esta expresión artística espontánea, no siempre reciben auténticas lecciones de dibujo, sino que a veces se encuentran prácticamente abandonados a sí mismos, debido a un malentendido principio de respeto a la personalidad.

El dibujo manifiesta mejor la personalidad cuanto más avanzado en edad es su autor, aunque las condiciones técnicas se ignoren completamente. Se aprende a dibujar de la misma manera que aprendemos a leer y a escribir; basta seguir ordenadamente cierto número de ejercicios apropiados.

El dibujo es un lenguaje fácil y universalmente inteligible. Una idea expresada en un dibujo se comprende con una sola mirada sin necesidad de traducción. Si la enseñanza de este particular simbolismo, debidamente acompañada de una mínima educación estética, se descuidase menos, no padeceríamos la vulgaridad que nos rodea y el nivel cultural sería más alto.

Muy pocas personas son capaces de expresarse por medio del dibujo. La experiencia demuestra que si pedimos a un adulto que pruebe a dibujar cualquier cosa, el 90 % de las veces rehúsa obstinadamente, temiendo hacerlo mal. Cuando una persona mayor quiere demostrar a un niño cómo se representa a un hombre, a duras penas consigue esbozar un monigote similar a los que hace un niño de cuatro años.

Los padres que sin saber dibujar desean completar la educación de su hijo, desde un punto de vista técnico y estético, encontrarán en este libro toda la información y sugerencias útiles para alcanzar el apetecido resultado.

# La edad preescolar

La actividad gráfica de los niños de tres a seis años no obedece sólo a un deseo lúdico, sino que también está ocasionada por su recién nacido espíritu creador y por el instinto de imitación.

En nuestra civilización, dominada por la imagen (periódicos, revistas, libros, cine, televisión, etc.), es difícil establecer cuál es la chispa que hace saltar el grafismo en el niño. De cualquier modo, si se deja a su disposición una hoja de papel y un lápiz, ya a los tres años se divierte trazando signos. Estos garabatos le proporcionan el placer de transformar la blanca superficie de la hoja sirviéndose de sus propios medios. A la hora de juzgar estos primeros dibujos, es necesario tener en cuenta que constituyen la primera toma de conciencia del niño, en cuanto intuye que debe coordinar la acción de sus músculos con la de su voluntad para alcanzar un determinado resultado. Se puede hablar, sin temor a exagerar, de una auténtica expresión de la personalidad. El garabato, incluso el más deforme, es siempre la manifestación exterior de una representación mental. Los padres, que saben lo mucho que se divierte el niño, deben animar este juego poniendo a su disposición todo lo necesario. Hay que alabarle por los resultados obtenidos, cualesquiera que sean, pues no podemos pretender ningún tipo de espíritu crítico en un niño de tres años. Los educadores expertos saben hacer felices a los niños, evitando ahogarles con pesados consejos, prematuros e incomprensibles para ellos. El dibujo preescolar no es fruto de una técnica particular puesta al servicio de cualquier disciplina. Se trata de un juego útil para avivar la inteligencia y coordinar los movimientos de las manos.

En sus primeros trazos, el niño no separa nunca el lápiz del papel, y traza curvas y círculos, más o menos desordenadamente, vigilando no salirse de los bordes.

Recordamos a los padres que las tres etapas principales del dibujo infantil son: período motor-vegetativo (casi una simple descarga nerviosa), hasta alrededor de los cuatro años: período imaginativo-representativo, hasta cerca de los seis; y período comunicativo-intelectual, pasados los seis años. Durante el primer período, el niño aprende a coordinar sus propios movimientos trazando signos cada vez más intencionados, dominando progresivamente mejor los músculos de los brazos, de las manos, y de los dedos, y afinando su propia sensibilidad psicomotora.

Durante el segundo período, el niño ejecuta trazos elegidos con intención de describir cualquier tipo de forma.

De hecho, sucede que el parecido casual de las figuras trazadas con cualquier cosa real se transforma poco a poco en conciencia de la propia capacidad y, en consecuencia, pone más voluntad en conseguir un determinado resultado. Esta actividad se podría definir como espontánea, si no existiera el ejemplo de los niños mayores y los padres, que con sugerencias continuas contribuyen al desarrollo del espíritu de observación y, más tarde, al perfeccionamiento de la actividad gráfica.

Generalmente, obtenido un cierto grado de desenvoltura,

el niño empieza por dibujarse a sí mismo o a sus parientes más cercanos, trazando de memoria los rasgos que mejor corresponden al esquema mental que se ha formado de sus figuras. En efecto, los primeros monigotes están formados por una cabeza con ojos y boca y algo así como dos piernas. Sucesivamente van apareciendo el cuello, el cuerpo, los brazos, las manos, las orejas, el cabello y, por último, aparece el vestuario.

¿Quién no ha dibujado nunca de pequeño un monigote formado por dos óvalos representando la cabeza y el cuerpo, y algunas líneas para representar las extremidades?

Como éste, hay esquemas gráficos tan introducidos en nuestra sociedad, que no sabemos representar; por ejemplo, el sol si no es como un disco radiante; la luna como una hoz con nariz y un ojo, y un niño como la reproducción exacta de un adulto, pero en tamaño reducido. El niño, sensibilísimo a las sugerencias del mundo que le rodea, se apodera de estos símbolos dándoles su imprenta personal o, para ser más exactos, deformándolos tanto más cuanto menor sea la destreza de su mano.

No hay que olvidar que el dibujo hecho por el niño no es la reproducción exacta de una imagen (el niño nunca copia de la realidad), sino del resultado de una elaboración mental, basada en múltiples percepciones visuales sintetizadas por una mano insuficientemente experta e incapaz de darles la forma exacta. Debemos, no obstante, precisar que difícilmente el niño reproduce una fantasía, y aunque su obra resulte incomprensible para los demás, para él siempre representará un hombre, una casa, un animal o cualquier objeto real. Por el contrario, cuando le proponemos copiar una figura que tiene ante sus ojos, la observa distraídamente, pues sigue su propio esquema mental, tendiendo siempre a dibujar aquello que le interesa o que sabe, más bien que lo que ve.

Sin embargo, el niño progresa continuamente en el aprendizaje del dibujo, gracias a una natural maduración y a la experiencia de los demás.

Si nuestros pequeños dibujantes fuesen menos torpes, cuando repitieran 10 veces seguidas el mismo muñeco, obtendríamos dibujos idénticos, porque el esquema mental del cual derivan no cambia. Las diferencias que distinguen a las repeticiones no varían, sin embargo, el estilo del muñeco ejecutado en un determinado período del desarrollo mental. Así el parecido entre los dibujos de los niños de una misma edad es causa evidente de la uniformidad del mecanismo psicológico de la enseñanza, cuyo recorrido va desde lo *simple* y *global* hasta lo *complejo* y *analítico*. De hecho, la introducción del método global para la enseñanza de la escritura, en la primera clase elemental, está basada en el principio según el cual el niño se inicia siempre en el aprendizaje de las nociones generales, más o menos definidas, siguiendo una experiencia personal, y llega solamente en una segunda etapa al análisis de las formas y de los significados.

Conviene, pues, destacar que, la actividad gráfica del individuo de cualquier edad, depende de un determinado esquema mental, hasta que, con una educación adecuada, se capacita para reproducir o crear imágenes que corresponden a la realidad.

Quede bien claro que todo esto no debe entenderse como un menosprecio de la capacidad creativa, sino como la necesidad del aprendizaje de una técnica al servicio de las ideas.

Así pues, teniendo presente la evolución natural de los garabatos hacia la representación cada vez más exacta de la realidad, los padres sabrán cómo animar, interpretar y ayudar la actividad gráfica de sus hijos.

Durante la edad preescolar, debemos proporcionarles en progresión sucesiva, lápiz negro y un cuaderno de hojas blancas, pizarra y tiza, tizas de colores, lápices de colores y, finalmente, colores al temple para extender con pinceles adecuados.

Y pocos consejos prácticos sobre el uso de estos instrumentos; la recomendación de observar bien claramente la realidad y el ánimo serán suficientes para este período de preparación hacia el verdadero dibujo.

# La edad escolar

Hemos visto cómo, durante el período preescolar, los educadores además de contenidos adecuados deben proporcionar al niño todo el material necesario para que pueda desenvolverse en la más absoluta libertad creativa.

Alcanzada la edad escolar, se inicia para el pequeño alumno una nueva fase pedagógica que incluye, entre otras cosas, una mínima disciplina, indispensable en la vida colectiva, y una continuada y sistemática actividad que le permitirá aprender en poco meses a leer, escribir y contar.

Son los padres quienes deben intentar completar estas lecciones (fundamentales para el individuo de hoy en día) con la enseñanza del dibujo debidamente programado, favoreciendo al mismo tiempo la ya adquirida costumbre del dibujo libre. Deberán alternar este juego y los deberes escolares con algunos ejercicios de *dibujo dirigido*. Hace falta educar la mano y la mente del niño hacia una mayor precisión en el lenguaje pictórico. Naturalmente, estos ejercicios no han de presentarse como deberes suplementarios sino como una nueva diversión que complementa la del dibujo libre.

Con la ayuda de un cuaderno de cuadritos, verá sugerida la realización de pequeños y simples motivos geométricos, que le revelarán, poco a poco, la belleza de la simetría, la utilidad del orden, la importancia de la precisión y, al mismo tiempo, adiestrará su mano en el trazado de líneas rectas de igual longitud. Se inicia de este modo la enseñanza de una técnica indispensable para obtener buenos dibujos.

No olvidemos que el dibujo es una de las numerosas

manifestaciones de la civilización humana, transmitida de generación en generación y continuamente perfeccionada. Esta experiencia acumulada se transmite por medio de la educación, cuyo principal objeto consiste en evitar la perdida de tiempo que se ocasionaría si tuviésemos que volver a descubrir todas las técnicas ya existentes.

Para el niño, acostumbrado a usar un lenguaje gráfico lleno de espontaneidad, pero privado de precisión y claridad, la repetición de formas definidas aparecerá como un descubrimiento semejante al derivado de la comprensión del significado de las letras del alfabeto, cuyo secreto se revela como una gran conquista y le llena de alegría.

A través de estos ejercicios, los obstáculos motores y psíquicos que se oponen a una completa realización de las intenciones del niño son poco a poco superados. Así, al finalizar la niñez, alcanza a expresar gráficamente sus ideas con discreta corrección, como el estudio de la sintaxis y el continuo ejercicio le permiten expresarse a través de la escritura.

La evolución del grafismo espontáneo hacia una más exacta representación de la realidad (a pesar de ciertos retornos momentáneos al período expresivo de una época anterior), visible ya en la edad preescolar, recibe un nuevo aliciente con el aprendizaje del nombre y la función de los objetos y del encuadre de las personas que animan el ambiente que les rodea.

En esta delicada fase de la evolución del dibujo, tanto libre como dirigido, los padres y educadores deberán tener el máximo cuidado al comentar los trabajos efectuados por el niño, para no causar complejos nocivos para el progreso esencial, no siempre constante y rectilíneo, del lenguaje pictórico.

Debemos hallar la manera más apropiada para hacerle aprender al mismo tiempo el dibujo libre y el dirigido, presentándole los dos atrayentes por igual.

Cuando el alumno percibe con satisfacción cuán fácil es dibujar de forma correcta un vaso, una botella o una flor, siguiendo los cuadritos del cuaderno y las indicaciones del modelo, se inclina a considerar el dibujo libre con un nuevo espíritu, y continúa utilizándolo como un lenguaje particularmente cautivador.

La función psicológicamente positiva y liberadora del dibujo libre está fuera de toda discusión, pero en un determinado momento la natural autosatisfacción del autor es superada por el espíritu de autocrítica, nacido del confrontamiento de la propia obra con las constantemente visibles en los libros o en el ambiente exterior.

El niño tiende así hacia la adquisición de un modo de expresión suficientemente clara, es decir, un modo adecuado para la comprensión de su obra por parte de un público cada vez más extenso.

Algunos autores mantienen que todo individuo nace artista. Basta poner a su disposición el material necesario para su actividad plástica, para verle realizar obras expresivas que es necesario interpretar del debido modo. Tal afirmación se basa en un concepto que no tiene nada que ver con la estética, pues es una derivación de la teoría psicoanalítica (para la que el dibujo es más bien documento clínico que ejemplo de arte, y las rayas trazadas sobre el papel son así consideradas como símbolos y no como expresión figurativa).

Otras teorías estéticas han tratado de acreditar el valor "mágico" de los signos, fuera de su significado representativo de la realidad, favoreciendo así el abandono a la pura espontaneidad en cada obra gráfica.

Tales teorías, muy cómodas para los mixtificadores de cada época, se revelan absolutamente inservibles aplicadas al dibujo infantil, porque predican la máxima espontaneidad, cosa que no basta, e impiden toda evolución racional de la personalidad.

El lenguaje gráfico, como todos los demás lenguajes expresivos, está basado en una técnica que tiene que ser aprendida del modo adecuado. El valor psicológico de cada garabato, como de toda obra humana, está fuera de toda discusión, pero no hay que olvidar que el lenguaje gráfico tiene un valor social directamente proporcional a su claridad universal.

El éxito comercial de ciertos pintores se explica fácilmente con las reglas de la especulación escondida tras una hábil publicidad, pero no tiene nada que ver en lo que respecta a la sana educación de los jóvenes. En una época de declarada libertad en cuanto a la expresión artística, hasta rayar en el absurdo, se hace necesario un agudo repaso a los métodos de enseñanza del dibujo.

Recordemos que los educadores sólo pueden enseñar una técnica y proporcionar nociones culturales, pero no pueden dar sensibilidad a quien no la tiene ni proveer de genialidad a quien no la posee; pueden enseñar a dibujar correctamente como enseñarían a escribir correctamente, pero no tienen poder alguno para formar artistas.

Actualmente, en los primeros niveles escolares se dedican algunas horas a la semana al dibujo espontáneo. El niño es libre para dibujar, sobre la hoja de papel puesta a su disposición, lo que quiera y con la técnica que prefiera: lápiz negro o de colores, tiza, pastel, etc. No siempre realiza ejercicios de dibujo dirigido y muchas veces no existe relación alguna entre las nociones que aprende día tras día y sus dibujos.

Gracias a la fácil argumentación de que debe ser libre para expresar su propia personalidad, la hora dedicada al dibujo se ha convertido en una hora bastante tranquila en la que el aprendizaje se ralentiza por falta de métodos adecuados o de objetivos concretos. El mito de la espontaneidad parece hecho a propósito para justificar ciertas deficiencias de los programas.

Pero los padres que intentan dar a sus hijos una educación completa, pueden utilizar las sugerencias contenidas en este modesto librito para ayudarles en su maduración gráfica. De todos modos, guardémonos bien de ahogar la originalidad y la personalidad del niño con ejercicios pesados y demasiado áridos. Partiendo de su natural curiosidad es bastante fácil encontrar el momento adecuado para decir la palabra justa y favorecer así su desarrollo intelectual y pictórico.

Es un error grave el querer adaptar la naturaleza humana a la teoría, pues es la teoría la que debe adaptarse a la naturaleza humana. Los padres, que aman y conocer bien a sus hijos, sabrán sin duda hallar, de cuando en cuando, el tipo de ocupación que más conviene a sus exigencias culturales.

# Ejemplos ilustrados y comentados

Las páginas siguientes
tienen como objeto ser
una útil guía
en la educación del dibujo

# 3 años: un nuevo juego

El niño de tres años, y quizá mayor, si vive en un ambiente favorable al desarrollo de su innato grafismo, se lanza con entusiasmo al juego descubierto, y es en el trazado de signos donde testimonia la existencia de una personalidad muy precisa.

Para obtener algún resultado ha tenido que poner en movimiento sus músculos guiados por la voluntad hacia un determinado fin. Ciertamente, si el nuevo juego se limitase a este tipo de acción, no sería diferente de los demás juegos que requieren voluntad y movimiento. Pero el niño progresa rápidamente, y el juego se transforma prontamente en un verdadero lenguaje, cuyo desarrollo no puede más que suscitar el interés y la participación paterna.

Cuando el niño de dos a tres años toma en su mano por primera vez un lápiz y un trozo de papel, descubre con sorpresa que basta comprimir levemente el trocito de madera contra el papel para obtener signos negros que conservar el trazo del gesto realizado. Esta maravillosa sorpresa, un poco misteriosa, intimida en el primer momento al niño, que se limita a oprimir más o menos la mano para obtener distintos tonos. Después, animado por el entusiasmo que le produce este nuevo juego, hace gestos más amplios y rápidos, cuyo resultado aparece claramente impreso sobre el papel blanco.

En un momento determinado, la amplitud del gesto rebasa el límite del papel, y el lápiz, resbalando bajo la hoja, la levanta y la arruga, por lo que el juego debe reemprenderse sobre otro trozo de papel. Estas tentativas gráficas durarán hasta que el niño aprenda a limitar sus impulsos dentro de un cierto espacio. La intervención de la voluntad guiando la mano constituye un primer paso hacia el aprendizaje del uso del lápiz y un claro ejemplo de autocontrol.

Es esta primera fase de la actividad gráfica del niño, el adulto no debe intervenir con sugerencias y consejos. Es sumamente importante que el niño comprenda con sus propios medios las reglas y las características del juego. Llegará así, en poco tiempo, a trazar los garabatos de forma circular, bien limitados dentro del papel, que señalan una etapa obligada en el lenguaje gráfico.

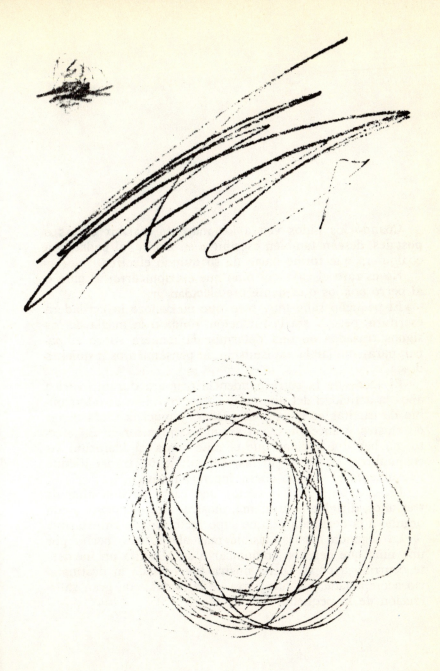

Lám. I

Cuando los niños ven a los mayores escribir cartas o postales, desean también escribir a su madre, al padre, o a cualquiera que forme parte de su mundo efectivo.

No es raro el caso del niño que escribe cartas al gato o al perro por los que siente predilección.

El pequeño sabe muy bien que no conoce la verdadera escritura, pero basta la intención, unida a la magia de los signos trazados de una determinada manera sobre el papel, para simular la transmisión de pensamientos a quienes desea.

El juego de la correspondencia ocupará durante varios años la actividad del niño, que en general ama al intercambio de cartitas escritas o dibujadas, y muchas veces llenas de chistes y anécdotas con segundas intenciones. En efecto, no hay que olvidar que el niño capta rápidamente las costumbres, buenas o malas, del ambiente, transmitiendo nuevamente el chisme en su ingenua misiva.

En el dibujo n.° II, vemos una carta de una niña de tres años, dirigida a su mamá, mostrada rápidamente y con orgullo a la destinataria, que supo recibirla con entusiasmo.

La segunda cartita, visible más abajo, está hecho por una niña que deseaba comunicar a su abuelita un incidente ocurrido a papá. Dicha misiva fue enviada al destinatario acompañada por una carta de la mamá, con gran satisfacción de la pequeña.

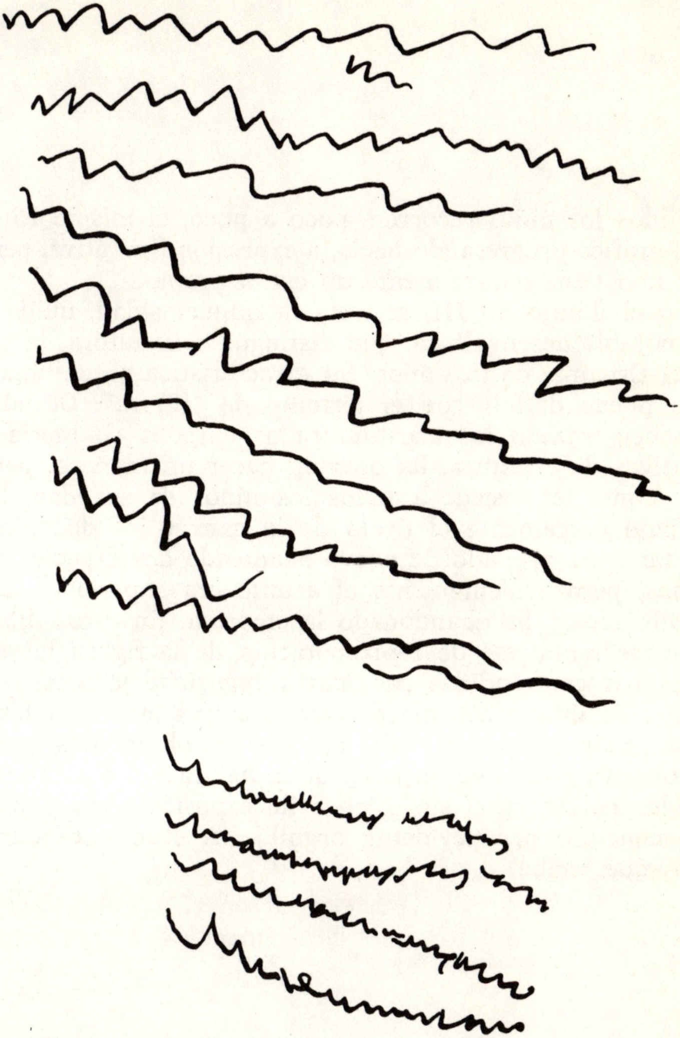

Lám. II

Todos los niños recorren, poco a poco, el mismo itinerario gráfico progresando hacia la expresión figurativa, pero cada uno tiene naturalmente un estilo propio.

En el dibujo n.º III, se nota la minuciosidad, unida a una notable desenvoltura, que distingue a la autora, la pequeña Cristina, de tres años. Su característica predominante se puede definir con el término de "finura". Después de haber trazado los acostumbrados enredos de líneas y tentativas de escritura, ha querido hacer un muñeco, pero tal y como les sucede a todos los niños de su edad, ha dibujado únicamente el óvalo de la cara y los dos ojos. Más tarde ha probado de nuevo añadiendo dos especies de piernas, pero evidentemente el asunto era superior a sus posibilidades y ha abandonado la empresa. En otros dibujos, estas tentativas de representación de la figura humana serán reemprendidas con mayor seguridad y éxito.

La niña dibuja con placer una cosa tras otra completamente absorbida por la realización de sus obras. Más tarde las colocará en fila en la pared de la habitación o sobre un mueble, incluso en el suelo, en bella exposición, acogiendo con silencioso pero evidente orgullo los eventuales cumplidos que reciba.

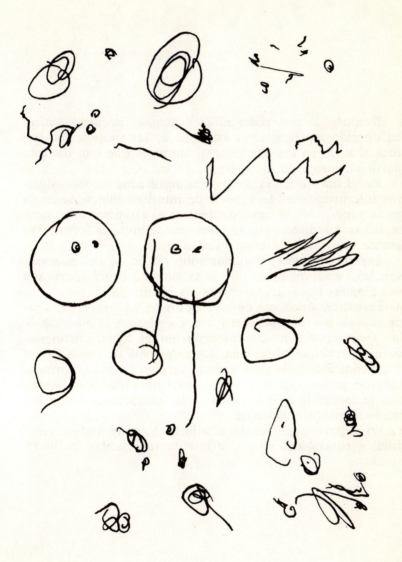

Lám. III

Después de una visita al Zoológico, el pequeño Andrés ha querido representar el estanque de las focas y una tortuga situada en los alrededores, animales que han llamado particularmente su atención.

En el dibujo n.º IV vemos los resultados de sus esfuerzos interpretativos. La especie de intestino que se ve en la parte superior es el camino que lleva al estanque, cuyo perímetro está indicado por la línea que delimita la forma más grande situada en el centro del dibujo.

Las tres formas dibujadas sobre el borde del estanque son las focas, mientras que la vagamente ovoidal, cruzada por algunas líneas transversales, es la tortuga.

La extrema pobreza de los medios no ha impedido la expresión de las variadas sensaciones. De hecho, la posición de las focas, parcialmente inmersas en el agua, corresponde a la realidad observada. La sensación de rugosidad y fragmentación de la coraza de la tortuga ha sido representada de forma sintética con líneas transversales, mientras que la forma lisa de las focas está interpretada con unas líneas menos accidentadas.

En la parte superior del dibujo n.º V, se reproducen dos dibujos típicos del niño que intenta representar la figura humana.

Lám. IV

Como hemos visto en el dibujo anterior, el niño de tres años, no estando todavía capacitado para analizar y reproducir las formas, dibuja aquello que *siente* y *sabe*. Este período de la representación de la figura humana ha sido llamado estado del "renacuajo", porque, como en el estado embrionario de dichos animalitos, sobresale una gran cabeza y unos apéndices en movimiento.

Las dos "renacuajos" que reproducimos evidencian un carácter personal muy diferente, porque son de dos autores distintos, pero los esquemas figurativos son similares. La razón está en que estos dibujos no son la reproducción de algo preciso, sino la expresión de una sensación tenaz que, por otra parte, la mano no alcanza a traducir en signos de valor constante por el obvio motivo de que está lejos de haber conseguido el grado de educación necesario para dibujar correctamente.

En general, si se insiste con el niño en las explicaciones racionales sobre la estructura de la figura humana y se le hace nombrar la cabeza, el tronco, los brazos, los dedos y las piernas, etc., se puede obtener un muñeco como el reproducido en la parte inferior del dibujo, cuya forma expresa la extrema pobreza de los medios expresivos, a pesar del esfuerzo realizado.

Pero a esta edad es preferible no insistir con la *enseñanza*, dejando al pequeño dibujante amplia libertad de expresión.

El proceso llegará con seguridad y espontáneamente.

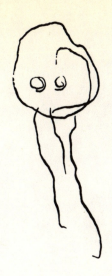

Lám. V

# 4 años: entre el realismo intelectual y el simbolismo

El lenguaje gráfico, aún primitivo, de un niño de cuatro años está en rápida evolución. Primero pasa de un realismo intelectual, consistente en representar incluso aquellas partes del tema que no deberían verse, a un simbolismo consistente en representar determinados objetos o personajes de modo totalmente simbólico, para alcanzar, en un segundo período, el máximo grado de expresividad teniendo a su disposición los medios más limitados.

La casa transparente que deja ver lo que ocurre en su interior, el perfil de una nariz puesta sobre una cara vista frontalmente o la imagen con perpectivas mixtas, son las formas de realismo intelectual más comunes. El sol radiante, las estrellas pentagonales o el perfil de la luna con nariz, boca y un ojo, pertenecen al fondo simbólico del que mayores y pequeños usamos constantemente.

Los educadores deberán ayudar al niño, en el momento oportuno, a superar el período de representación sintética intelectual, para pasar a la visión realista de las cosas. Esto supone una elaboración analítica y expresiva que hará que la simple imagen dibujada pueda manifestar un auténtico lenguaje válido para todos.

Cuando alcanzan los cuatro años, los niños más capacitados se arriesgan a construir un muñeco mucho más completo que los que hacían normalmente un año antes. Debemos saber, no obstante, que a esta edad se carece todavía del sentido de la orientación de un objeto con respecto a otro o con respecto al ambiente. Desde el momento que, en general, la percepción visual es un fenómeno global, no hay que sorprenderse al ver reproducidas las imágenes percibidas de este modo. Son como la traducción de una imagen visual integrada en un todo único, cuya orientación en el espacio no tiene ningún calor, y que puede hacerse empezando indiferentemente por los pies o por la cabeza. Por otra parte hay que constatar que los dibujos están hechos con seguridad y sin interrupción, porque de otra forma la imagen interior de la cual derivan podría desaparecer, o atenuarse, en el curso de una ejecución de gran envergadura, más elaborada y consecuentemente menos rápida.

El retrato de un sacerdote que reproducimos, está hecho, con gran rapidez y en posición inversa, por un niño de cuatro años que, anteriormente, no había demostrado ninguna predilección por esta inversión de las imágenes. Por otra parte, podemos apreciar cómo esta particular técnica no ha influenciado en absoluto en el valor expresivo contenido en la figura.

El hábito talar que cubre casi totalmente los pies, los brazos que quedan invisibles debido a la amplitud del vestido, el pelo cortado a cepillo, demuestran buena observación o una percepción global tomada con exactitud. Los extraños apéndices de la cabeza deben ser las orejas, cuya forma resulta factible, sobre todo si se piensa que su poseedor tenía la costumbre de tirárselas a su más vivaracho alumno.

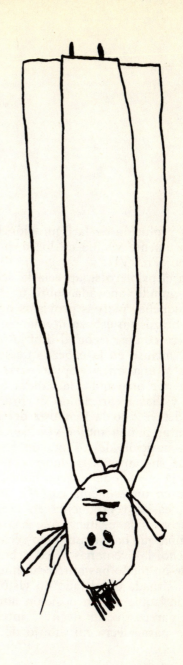

Lám. VI

La evolución de la figuración humana hacia el realismo es claramente visible en los dos muñecos reproducidos en el dibujo n.º VII.

En el primero se aprecia la acostumbrada cabeza demasiado grande, apoyada sobre un tronco que está sostenido por pequeñas piernas provistas de pies, mientras acompaña a los brazos un esbozo de manos.

Si se compara con el dibujo n.º V se nota un gran progreso, incluso en la cabeza que se completa con orejas, cabellos y una microscópica nariz. En el segundo muñeco, hecho por otro niño, la cabeza alcanza casi la proporción justa y, hasta careciendo de brazos, denota en la elaboración del vestido la madurez del autor, que ha querido representar a una mujer vestida con una alegre tela.

La posición de los personajes es aún frontal y rígida, porque sus autores traducen con signos trazados sobre un plano la imagen del cuerpo humano, que se encuentra en su mente en un esquema carente de toda posición posible.

La casita reproducida en la parte inferior de los dos muñecos es la primera que ha realizado espontáneamente una niña que había cumplido recientemente los cuatro años. El techo, las ventanas y los árboles del jardín están situados de un modo bastante real, mientras que la puerta de entrada, situada en el lado no visible de la casa, está dibujada a la izquierda, en posición horizontal. La pequeña dibujante parece querer decir: "¡intenta hacer un pequeño esfuerzo para «leer» mi dibujo de forma correcta!"

Lám. VII

Este muñeco, al igual que el del dibujo n.º VI, no ha sido hecho con la cabeza hacia arriba y los pies hacia abajo. La pequeña pintora ha empezado por trazar una forma vagamente ovoide (la cabeza) a la cual pensaba adjuntar, en posición normal, el cuello y el resto del cuerpo. Pero, viendo que no quedaba espacio suficiente sin girar el papel, ha terminado su figura dibujando, con la máxima desenvoltura, los ojos, la nariz, la boca, las orejas, el cabello, el cuerpo, los brazos y las piernas. Finalizando su trabajo, lo ha contemplado durante unos momentos, después de haber girado el papel en el sentido justo, y lo ha mostrado a su tía, especificando que se trata de una enfermera que corre a socorrer a un enfermo. Efectivamente, sobre el cabello vemos el símbolo de la Cruz Roja, y la posición del cuerpo y de las piernas indican el movimiento de la carrera. Para el profano que asiste al nacimiento del muñeco, resulta misteriosa la capacidad de una niña de cuatro años para dibujar con desenvoltura una figura semigirada, pero ya habíamos visto anteriormente cómo la visión global justifica tal singular comportamiento.

¿Cuántos adultos sabrían hacer en poco tiempo un dibujo parecido? En el niño la capacidad ejecutiva está limitada principalmente por los escasos conocimientos técnicos, que una educación adecuada podría superar. Sin embargo, en el adulto faltan los conocimientos técnicos, la sensibilidad y la frescura de los jóvenes.

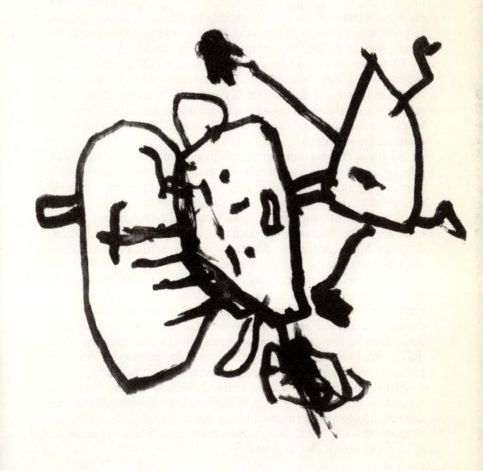

Lám. VIII

Como hemos visto, los niños plasman gráficamente sus ideas con la máxima simplicidad y espontaneidad. Para ellos no existe lo fácil y lo difícil, lo simple y lo complejo, lo posible y lo imposible; todo aquello que ven con la mente consiguen describirlo con un lápiz y un trozo de papel.

El ejemplo ilustrado en el dibujo n.º IX demuestra la desenvoltura con que los pequeños creadores de imágenes saben evitar toda dificultad. La autora de dicho dibujo estaba dibujando uno de sus muñecos, cuando un tío suyo le preguntó si sería capaz de dibujar a su padre, que es tranviario, en su trabajo.

El tema habría dejado perplejo a cualquier artista, pero ella no se desconcertó: trazó en pocos segundos un rectángulo, con cuatro pequeños círculos en los ángulos, simbolizando el coche tranvía con las cuatro ruedas. En el coche, así simplificado, ha puesto dos rectángulos, que son las esquematizadas figuras del padre cobrador y del conductor; después ha colocado de diversas formas a los pasajeros, representándolos en posición vertical.

Aquí aparece claramente la simplificación simbólica de las personas y de las cosas. Se aprecia también la proporción verdaderamente pequeña del padre, en relación a los pasajeros debida seguramente a un complejo de inferioridad introducido en la hija a través de los diarios discursos del padre sobre las diversas dotes de paciencia que un tranviario ha de poseer para enfrentarse al público.

Generalmente, para una niña de cuatro años, la representación sintética del abrigo invernal de los pasajeros con un triángulo, y las proporciones bastante exactas de la cabeza y de las piernas, demuestran una clara aspiración a la representación realista.

Lám. IX

El dibujo reproducido en la parte superior está hecho por una niña que intentaba representar dos casitas con un jardín común rodeado de árboles, cuya representación en perspectiva estaba fuera de las posibilidades de la pequeña. Pensó, no obstante, en representarlos como si estuvieran todos colocados en posición horizontal alrededor del jardín, recurriendo a un usual instrumento figurativo llamado *sistema del vuelco*.

Todos los niños recurren a este procedimiento intuitivo cuando deben resolver problemas de perspectiva. Debe ser considerado por los educadores como un medio expresivo absolutamente normal que desaparecerá espontáneamente hacia los siete años.

Algunos meses más tarde, la misma niña ha repetido, la representación de las dos casas con jardín común, demostrando haber experimentado un notable progreso hacia una representación siempre más realista. Efectivamente, las ventanas son más proporcionadas, más regulares y mejor alineadas, y el techo toma una forma triangular más normal y se recubre de tejas. Aparecen los caminos, cuya estructura enladrillada está realizada con un procedimiento análogo al utilizado para representar las tejas; también la oscuridad de la puerta principal está conseguida con el mismo procedimiento. Hay un árbol florido detrás de la casa, y las flores del jardín forman bellas cenefas, mientras que la grava del camino que lleva al estanque de los peces, está hecha con puntitos realistas, y los peces tienen una forma inequívoca.

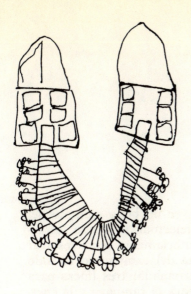

Lám. X

En el dibujo n.º XI podemos ver un bello ejemplo del tipo de representación realista-intelectual, a la que los niños más pequeños recurren voluntariamente para resolver sus problemas expresivos. El tema del campanero ha sido tratado aquí con una precisión extremada: tres líneas para definir el campanario, otras tres para la campana y la cuerda, y después el acostumbrado hombrecillo que está tocando la campana. Las paredes del campanario son transparentes para dejar bien clara la presencia del campanero.

Fuera, el sol resplandece bajo el cielo, indicado con un ligero trazado, mientras la vegetación echa sus primeros brotes. Se trata evidentemente de reminiscencias pascuales revividas a través de los comentarios del profesor de la escuela materna. La existencia de la línea de la tierra y la indicación del cielo demuestran una ligera comprensión del concepto del espacio.

Lám. XI

El dibujo n.º XII nos muestra la genuina expresión de una niña moderna cuya sensibilidad está sometida a los numerosos estímulos del medio ambiente que le rodea, de los cuales la televisión no es ciertamente la parte de menor importancia.

En el momento del primer viaje del hombre a la luna, cuando todos estábamos ansiosos de ver minuto a minuto el grandioso experimento gracias a la transmisión televisada, la niña asistió, junto a todos los demás miembros de su familia, al aterrizaje del LEM sobre la luna, y quedó fascinada por los hombres que realizaron este extraordinario viaje. Algunos días más tarde, empujada tal vez por los entusiásticos comentarios sobre la audaz empresa, sin habérselo pedido, dibujó un astronauta, tal y como su memoria visual lo recordaba.

El astronauta es un muñeco parecido a los dibujados de ordinario, pero con un sombrerito adornado con una cruz roja, símbolo distintivo de las enfermeras y decorativo adorno o emblema de gran clase. El único atributo especial de los astronautas es la especie de lamparita situada sobre el sombrero y que simboliza la instalación electrónica. La representación del LEM es mucho más interesante, pues reproduce en términos gráficos una forma extraña y compleja vista durante pocos minutos.

La memoria visual infantil es, sin duda, una fuente continua de imágenes muy nítidas que, traducidas en términos gráficos, se resienten del largo y difícil camino que va desde el cerebro hasta los nervios y de éstos hasta los músculos de los brazos y de la mano para llegar finalmente a la punta del lápiz.

Desde luego, no se puede pretender un resultado más elocuente tratándose de una niña de cuatro años y medio.

Lám. XII

La escena que reproducimos aquí, titulada "La niña con el perro", no está hecha por un niño de cuatro años, sino por un adulto de treinta y tres que intentaba hacer un modelo para su sobrinita, dibujante empedernida.

El infantilismo de la representación demuestra claramente cómo el acusar de analfabetismo gráfico a la mayoría de los adultos no es una calumnia.

Hoy en día, los niños de la escuela maternal dibujan mucho mejor que el ejemplo, ya que el dibujo libre está acertadamente considerado como un elemento importante del repertorio pedagógico: pero, por desgracia, se cuentan por legiones los analfabetos que están ya de vuelta...

El dibujo libre no basta para dotar a un individuo de la técnica necesaria para alcanzar un nivel expresivo decente. Por esto, o el dibujo se enseña racionalmente, o es necesario conformarse con lo poco que el instinto puede dar.

Al igual que la escritura, la música o la danza, el dibujo requiere practicar continuamente con constancia y método. El dibujo n.º XIII debería servir de ejemplo para todos los educadores deseosos de favorecer el desarrollo de todas las posibilidades que existen en el niño.

Lám. XIII

# 5 años: la expresión de los sentimientos y de las sensaciones

Por lo general, los niños viven intensamente una existencia feliz llena de encuentros siempre nuevos con el mundo que les rodea.

La sorpresa producida por este descubrimiento del mundo y su alegría constituyen el tema predominante de sus dibujos.

Una mariposa que vuela, las flores de un prado, el sol que resplandece, la lluvia que cae, son notas que expresan la alegría de vivir.

Los signos trazados sobre el papel para describir las cosas vistas o vividas están todavía lejos de la realidad, aun siendo un reflejo suyo. Mas, lo que realmente cuenta a esa edad es la profunda satisfacción experimentada al revivir una sensación o un sentimiento y al intentar describirlo.

Por esta causa, con los niños de esta edad es preferible evitar la crítica, cuyo único resultado consistiría en modificar al autor que se había expresado con sinceridad y confianza.

Podemos también afirmar que los adultos pueden obtener una cantidad de información de los dibujos infantiles, examinándolos adecuadamente, superior a la que ellos mismos pueden proporcionar al niño.

El lenguaje gráfico infantil, que por su ingenuidad tiene el mérito de aparecer antes que la escritura, permite expresar sensaciones o sentimientos con una natural rapidez, parecida a la verbal.

El niño hace sus dibujos con desenvoltura, sin corregirlos nunca, porque carece de espíritu crítico. Por otra parte, dibuja rápidamente por temor de ver desaparecer la representación mental que ha dado origen a su trabajo.

El dibujo que reproducimos está hecho por una niña de cinco años. Ha completado su dibujo con una explicación verbal, especificando que se representaba a sí misma corriendo e intentando alcanzar a su padre que se dirigía bajo la lluvia hacia el mercado.

Es bien visible la rapidez de ejecución y el esfuerzo realizado para representar tanto a la tierra como la lluvia. La distinción de los hechos se ha obtenido con la falda para la niña y los botones de la chaqueta para el papá. Finalmente, es importante la tentativa para indicar el movimiento bastante vivo de los actores puestos en escena.

Hay que recordar siempre que, para los niños, completar el dibujo con una explicación verbal es totalmente natural. Intuyen la excesiva restricción del lenguaje gráfico, y por un natural impulso efectivo hacia quienes admiran sus dibujos, dan explicaciones para la correcta interpretación de las imágenes creadas.

Lám. XIV

El "corro" es un bello ejemplo de perspectiva "desde lo alto". Así es como la pequeña Emilia hace su propio retrato: una sonrisa, dos trenzas con lacito, una chaquetita con botones, una faldita caída, un par de zapatos y diez dedos en las manos, distribuidos de una manera algo... fantástica.

Se aprecia que la cabeza no es demasiado grande con relación a la edad y que las distintas partes del cuerpo están discretamente articuladas. Aunque faltan el cuello, las pupilas y las orejas, debemos constatar que de todo el dibujo irradia una sensación de felicidad, perfectamente en armonía con el carácter de la autora.

En otros autorretratos hechos por la misma niña se observan divergencias de signos, pero el espíritu que los anima es siempre el mismo.

Lám. XV

Como en el dibujo anterior, aquí nos encontramos también frente a un autorretrato. En este caso están representados al mismo tiempo los deseos de la niña: una bella casa con un jardín florido y muchísimo sol.

Estos deseos son fácilmente explicables en una niña que vive en un apartamento que da a un patio donde el sol no llega nunca. La actividad del personaje situado en primer plano parece querer decir: ¿veis lo que yo querría? una casa aislada, no demasiado grande, ¡pero con muchas flores!

Hay que notar la tentativa de representar en perspectiva la casa. El lado derecho está dibujado sobre el mismo plano de la fachada, pero el techo triangular está visto de modo acertado, y se repite en la parte opuesta para hacernos comprender que también allí existe otro lado de la casa.

La misma niña intentará, dos años después, el mismo tema con un bagaje figurativo mucho más consistente (ver dibujo n.º XXVI en el pliego de color).

Lám. XVI

Una excursión estival por el campo deja en la mente de un pequeño habitante de la ciudad recuerdos del ambiente campestre: flores, mariposas revoloteando, una casita con los postigos cerrados. Es normal un poco de fuego en la chimenea para preparar la comida de toda la familia.

El único habitante visible es un niño que parece desilusionado por la excesiva rapidez de las mariposas que no quieren dejarse capturar.

Desde un punto de vista formal, se nota la acostumbrada incongruencia en las proporciones, la chimenea, que aparece perpendicular al techo y no a la línea del suelo.

Un detalle pintoresco como el de la oca que está comiendo de la vasija está tomado con gran vivacidad y realismo. La posición característica del cuello inclinado hacia la comida, las plumas visibles en el cuerpo pero no en el cuello, la curva de la línea inferior del cuerpo en la posición de las piernas, son otros tantos detalles muy bien realizados a pesar de la dificultad que implica la técnica de la pluma, utilizada en este caso con verdadera maestría.

Lám. XVII

El grafismo espontáneo lleva muchas veces a los niños a recalcar con el lápiz el contorno de los objetos aplastados, como monedas, medallas, cartoncitos recortados, fondos de botellitas o tarritos, etc., de modo que sea posible crear formas constantes, fáciles de repetir y sobreponer con las que se habitúan a apreciar la regularidad de los contornos obtenidos y su valor decorativo.

En el dibujo n.º XVIII vemos cinco perfiles casi redondos obtenidos siguiendo el fondo de un botellín, y tres contornos de una bandeja tumbada, cuyo accidentado perímetro ha divertido al pequeño dibujante.

Calcos parecidos pueden emplearse ventajosamente de diversos modos para proporcionar una mayor personalización y para dirigir al pequeño hacia la ejercitación pictórica (este ejercicio puede considerarse como un inicio de dibujo dirigido).

No se asusten los padres si de pronto sus hijos parecen presos de una especie de furor gráfico que les impulsa a calcar todo objeto que cae bajo sus manos. Simplemente, es el entusiasmo por el nuevo descubrimiento lo que les induce a comportarse así. Nunca debemos reprimir este entusiasmo; antes bien, hay que favorecerlo en todo lo posible, sabiendo que a la vuelta de pocos días, o de pocas horas, se atenúa y desaparece, encaminándose hacia cualquier otro tema.

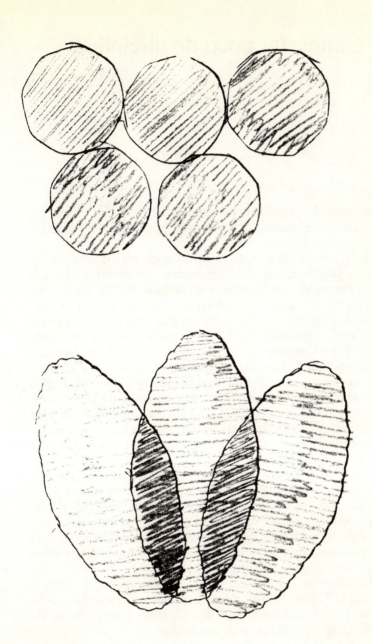

Lám. XVIII

# 6 años: un poco de disciplina

Frecuentando la escuela primaria, el niño alcanza cierta familiaridad con el papel cuadriculado que facilita la regular formación y alineación de las letras.

El niño intuye de pronto la utilidad de este dispositivo y se siente impulsado a utilizarlo para sus dibujos. Es así como la forma de sus casitas y la disposición de las distintas partes de un tema se vuelven más regulares con el progreso de los ejercicios de escritura. Por otra parte, la familiaridad con el maestro, la notable ampliación del ambiente y los múltiples contactos humanos enriquecen su facultad imaginativa que se introduce en escenas cada vez más complejas, aunque sean técnicamente muy primitivas. Podrá dar un primer paso hacia una técnica más perfeccionada con una práctica regular del dibujo dirigido, que en este especial período consiste principalmente en dibujos decorativos simplísimos y esquematizados en los cuadritos del cuaderno o del papel.

La invención de estos motivos ornamentales es relativamente fácil, y los niños se divierten variando su forma y posición. Cuando ya se pasa a motivos menos abstractos, deben ser seleccionados con cuidado.

No hace falta forzar cualquier forma en el esquema, sino obrar con naturalidad y escogerlas del mundo figurativo habitual del pequeño dibujante.

Naturalmente, el dibujo libre, que constituye todavía la principal forma del lenguaje expresivo del escolar, debe ser muy practicado junto con los diversos ejercicios de dibujo dirigido marcados por un adulto.

La correcta educación gráfica debe favorecer la expresión de la personalidad, liberándola del estorbo de una técnica demasiado primitiva.

A menudo se oye decir a quien está admirando un dibujo infantil singularmente complicado: ¡qué pena que la ejecución sea tan torpe!

Pero la educación consiste precisamente en enseñar y adquirir esa *destreza* que es el *oficio* del que carecen los niños.

El dibujo n.º XIX demuestra que el pequeño alumno utiliza los cuadritos del papel para trazar las líneas principales. Este comportamiento espontáneo facilita de modo notable la adopción de los ejercicios de dibujo dirigido, que han sido estudiados expresamente a fin de conseguir una mano más dócil y segura.

En el dibujo, que representa la vista de una casa, notamos una discreta desenvoltura y una personalidad bastante marcada, a pesar de lo banal del tema. (Se notan las cortinas en las ventanas, los postigos, de la puerta abierta, el humo de la chimenea, dibujado para indicar que hay vida interna, y la alegría primaveral de la vegetación en primer plano). Los colores de las paredes y del techo han sido aplicados rápidamente, evitando extralimitarse. Las líneas rectas dejan aún que desear, pero con los oportunos dibujos dirigidos se volverán poco a poco más regulares. (Ver dibujo n.º XIX en el pliego de color).

La escena reproducida por el pequeño Marcos con una plumilla, en la parte superior del dibujo n.º XX, expresa la forma en que él había captado un filme "western" visto algunos días antes.

El personaje principal es el autor con ropas de indio (ver las anillas en las orejas) y con un cartel sobre la cabeza en el que ha dibujado la letra M (Marcos), a fin de evitar cualquier equívoco. A lo lejos vemos un solitario "cow-boy" recorriendo a caballo una florida pradera. La línea de la tierra está indicada de una forma sumaria pero correcta. Los personajes están representados frontalmente, porque a esta edad el retrato de perfil todavía no se toma en cuenta, mientras que, por el contrario, el caballo está dibujado de perfil para evitar excesivas dificultades. En la parte inferior de la página vemos soldados armados con cascos y un camión con misiles (visto en un programa de televisión), cuyo recóndito significado debe buscarse en el deseo de potencia individual captado de la vida real y aparecido ahora bajo una forma camuflada.

Es posible apreciar el volante del camión, puesto en evidencia para especificar la función del conductor, y los demás elementos de la escena, cuya ejecución dice claramente cómo el dibujo infantil es alusivo y simbólico en la medida en que faltan los medios para expresarse con mayor precisión.

Lám. XX

La escena de la Navidad es una de las más difundidas en el mundo gráfico. Los cuadros de la iglesia, los pesebres, las imágenes colocadas en las paredes de las casas, acaban por grabar en la memoria de cada niño el esquema inmutable de cierta escenografía ritual. Si una maestra de la primera clase elemental pide a sus alumnos que dibujen el tema navideño, entre cuarenta niños siempre habrá uno que sobresaldrá de los demás por su habilidad y coherencia.

El dibujo que reproducimos nos presenta la obra maestra de una escolar de Milán. No falta nada: en el cielo azul, dos angelitos sostienen (o deberían sostener) un cartel con los acostumbrados augurios; la estrella fugaz situada en lo alto de la cabaña, el vestido rojo y el manto azul de la Virgen, que muestra inequívocamente su reconocimiento aunque la cabeza no exista. Se reconoce también a San José gracias a la barba y a la aureola, y por último los dos cuadrúpedos definen suficientemente el ambiente. Pero la falta de espontaneidad de toda la composición sorprende y hace difícil todo juicio posible sobre la utilidad de semejantes temas de composición. (Ver dibujo n.º XXI en el pliego de color).

Lám. XXII

El lenguaje pictórico está basado sobre reproducciones de la realidad objetiva y, por lo tanto, no tienen necesidad de reglas de interpretación. Pero estaría condenado a un balbuceo continuo si no consiguiera incorporar poco a poco las técnicas constantemente perfeccionadas que la experiencia acumulada por muchas generaciones ha permitido crear.

La técnica del dibujo se aprende como la de la escritura: basta dedicarle la necesaria atención.

En este primer ejemplo de dibujo dirigido se han agrupado algunos ejercicios iniciales para hacer sobre papel cuadriculado. (Ver dibujo en pág. anterior).

Su fin es, ante todo, disciplinar los movimientos de la mano, que, como habíamos visto en el dibujo libre, se mueve un poco sin ton ni son, no estando en condiciones de trazar siquiera un pequeño segmento de línea recta. Estos ejercicios tienen, entre otras cosas, el mérito de revelar el sentido del ritmo, de la simetría y de las proporciones.

Continuando igualmente con el dibujo libre, el pequeño alumno deberá hacer, bajo la guía de sus educadores, estos ejercicios hasta alcanzar una regularidad cuyo grado no se puede definir *a priori*, pues varía, por obvias razones, de individuo a individuo.

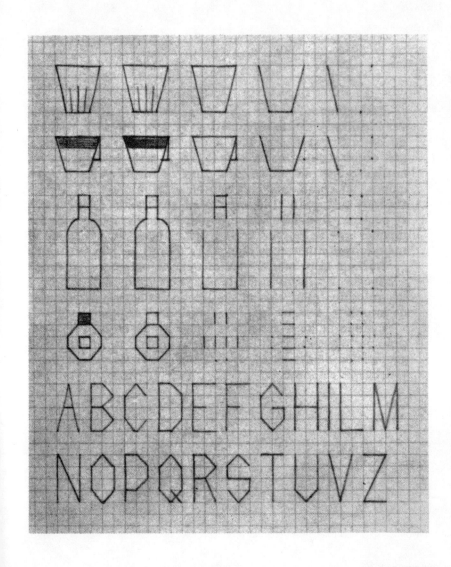

Lám. XXIII

Prosiguiendo en los ejercicios de dibujo dirigido, una vez alcanzada cierta seguridad en el uso del lápiz, el alumno de la primera elemental podrá empezar a dibujar algunos objetos cuya forma simple sea posible insertar en los cuadritos que sirven de guía para la forma y las proporciones, tal como está indicado en el dibujo n.º XXIII. Sería muy útil, para el desarrollo de su sentido estético, que el pequeño se adiestrase en copiar cualquier objeto, de los muchos que se pueden ver en una habitación, aplicando el método que ilustramos aquí. (Ver dibujo en pág. anterior).

Durante el primer año de escuela, los alumnos aprenden a conocer las letras del alfabeto. Sería muy útil añadir a los referidos ejercicios el dibujo de las letras mayúsculas de imprenta, aunque fuese en forma muy esquematizada.

Cuando se haya alcanzado cierto grado de madurez, podrán ser aprendidas útilmente las reglas de la construcción geométrica de las letras, cuyo diseño es fruto de una larga y delicada elaboración.

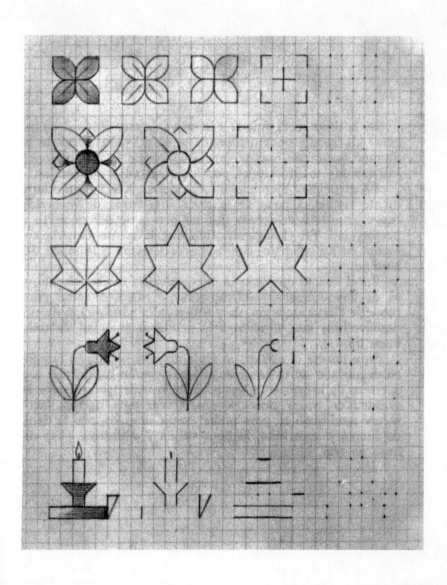

Lám. XXIV

De la línea recta guiada a la curva, la transición debe hacerse de modo oportunamente gradual, para permitir al alumno acumular nuevas experiencias que le proporcionen las debidas satisfacciones por los resultados alcanzados.

En el primer ejercicio del dibujo n.º XXIV, está claramente visible el paso de la recta a la curva de recorrido breve, expuesto de forma que no provoque desconcierto o perplejidad. En el segundo ejercicio, la curva dirigida aumenta en un cuadrito, dando mayor libertad a la mano del alumno.

En el cuarto ejercicio la curva alcanza el semicírculo, y es de una dimensión suficientemente estrecha como para requerir cierta atención, muy útil para la adquisición de esa desenvoltura que constituye la principal cualidad de todo buen dibujo.

Se aconseja el uso de un lápiz no muy blando ni tampoco demasiado duro. Los educadores deberán explicar el uso correcto de la goma. Deberán también hacer comprender la utilidad de trazar primeramente líneas muy ligeras, fácilmente modificables, para poder trazar después, con la debida fuerza y seguridad, la línea válida y definitiva. (Ver dibujo en pág. anterior).

# 7 años: el análisis de las formas

Cuando el niño ha finalizado la primera clase elemental y se preparan para afrontar la segunda, podemos decir que ha acumulado ya un notable número de conocimientos, sacados de la enseñanza recibida o adquiridos gracias a un tipo de vida social más amplio que el habitual en una familia normal.

Aparte de las nociones relativas a la lectura y escritura, ellos han ampliado el campo de sus inquietudes más allá de los límites de los círculos familiares. Han aprendido a conocer la forma de la patria observando los mapas geográficos, cuyo diseño ha sido realizado por especialistas; a conocer los animales más útiles al hombre, o los más dañosos, siguiendo las explicaciones de la maestra sobre grabados diseñados por especialistas del dibujo, etc., etc.

Esta familiaridad con las representaciones gráficas de la realidad llevan al niño a acrecentar su propio interés por el dibujo, y le hacen también reflexionar sobre la dificultad inherente a la ejecución de un trabajo aceptable. Por otra parte, debe comparar casi continuamente su propia capacidad con la de sus compañeros, teniendo así la posibilidad de aprender muchas cosas útiles de ellos, y sabiendo, finalmente, que no puede progresar sin comparaciones y ejercicios constantes.

El dibujo dirigido, que analiza y esquematiza las formas, se vuelve tan atrayente como el libre, porque permite al pequeño escolar hacer con regularidad trazados claros y fácilmente repetibles. Después de un mínimo de ejercicios, que lógicamente varían de individuo a individuo, estas formas simplificadas se dibujan de memoria con la máxima seguridad. Los modelos aquí propuestos como ejercicios a realizar sobre papel cuadriculado, ayudan a alcanzar cierta calidad analítica, proporcionando ejemplos suficientemente simples como para permitir una ejecución satisfactoria. Partiendo de formas muy simples, se convierten poco a poco en más complicadas hasta reproducir la forma de animales como el pingüino, la mariposa, el flamenco, etc., sujetos siempre al esquema de los cuadros.

En la escena que reproducimos, una artista en ciernes ha querido explicar lo que sucede cuando nieva.

He aquí, pues, la imagen sintética de un pueblecito o de un barrio de ciudad. De cada casita parte un caminito trazado en la nieve, que continua cayendo del cielo y cuyos copos están dibujados en negro sobre el fondo blanco del papel. No es de extrañar que el dibujante se haya permitido esta libertad, pues, si la misma escena hubiera sido pintada sobre papel oscuro, seguramente los copos de nieve estarían hechos con un lápiz blanco. Sabemos ya que un niño de esta edad no se fija en la exactitud de los detalles como en su expresión simbólica. El dibujo es rico en sugerencias inequívocas, tales como la nieve que cae, el rastro del camino, la ilustración de la clásica batalla de bolas de nieve entre dos pandillas de muchachos cuyas actitudes develan claramente que no se trata de objetos rígidos, sino de bolas de nieve que no le inspiran ningún respeto. En el campanario de la iglesia se ve la campana provista del correspondiente badajo. Las ventanas de la iglesia tienen una forma distinta de las demás, y podemos también observar que el segundo sendero de la izquierda no conduce directamente a la puerta de la casa, pues sugiere su existencia en el lado izquierdo de la misma.

Todos estos detalles denotan un notable espíritu de observación; una habilidad no indiferente, sobre todo por lo que respecta a la representación de los niños jugando.

Lám. XXV

De forma totalmente espontánea, una muchachita de siete años ha querido representar una señora que va de paseo. La sensación de absoluta elegancia de esta dama resulta evidente en el vestido, de estrecha cintura y de anchas mangas, en el bolso, en los puntiagudos zapatos, en su sombrero de pluma y, sobre todo, en la flor que ostenta levantada en la mano izquierda.

El sueño a ojos abiertos de la pequeña autora del dibujo XXVI continúa manifestándose aquí, pues la señora representa el ideal de la muchachita, cuyos deseos están frustrados. Su inspiración nace de un profundo deseo que expresa sinceramente, no equivocándose, en la rectitud de las líneas que delimitan la casa ni en la alineación de las ventanas, pues había practicado anteriormente algunos ejercicios de dibujo dirigido. Hay que tener en cuenta, hasta dentro de algunos años, el espíritu autocrítico necesario para fundir armoniosamente los dos tipos de dibujo, no existe en cantidad suficiente para alcanzar resultados tangibles. Será, pues, oportuno dejar la más amplia libertad de expresión, para no destruir esta bella espontaneidad que distingue al dibujo libre.

Se aprecian las flores multicolores del jardín y la diferencia entre las ventanas de los apartamentos que están adornados con cortinas y las correspondientes a los de la escalera interior que no tienen, pero que dejan ver las lámparas que las ilumina. (Ver dibujo n.º XXVI en el pliego de color).

Lám. XXVII

Continuando los ejercicios de dibujo dirigido, el niño de siete años podrá divertirse reproduciendo sobre el papel cuadriculado los temas propuestos en el dibujo XXVII, pintándolos como crea conveniente y repitiéndolos hasta que haya alcanzado cierta firmeza en el trazo.

La guía de los cuadritos evita los grandes errores en las proporciones, facilitando también en gran medida el trazado de rectas. No obstante, antes de ejecutar el trazado señalado por los puntitos, sin balbuceos ni borrones, hay que insistir durante cierto tiempo en los ejercicios.

Cuando el niño haya aprendido bien los diversos motivos que sugerimos, los podrá dibujar sin la ayuda del papel cuadriculado, usándolos como motivos decorativos aplicables a cualquier cosa. Su vista se acostumbrará así a apreciar cualquier irregularidad de forma.

Los trazados geométricos simples constituyen la base de muchos otros motivos decorativos bastante más complicados, y es por lo tanto útil que nuestros niños aprendan a conocerlos y a dibujarlos correctamente.

Si el muchacho tiene iniciativa, descubrirá ciertamente otros motivos parecidos, aunque, a veces, nazcan de errores de interpretación. (Ver dibujo en pág. anterior).

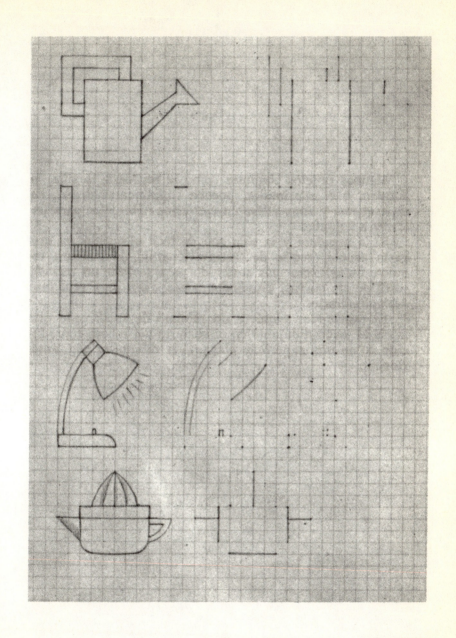

Lám. XXVIII

Algunos objetos comunes como la regadera, la silla, la lámpara o el exprimidor, pueden simplificarse dentro de un esquema y convertirse en ejercicios habituales para colorear a voluntad.

Si la regadera y la silla son de fácil ejecución, ya que basta acoplar rectas de distinta longitud, la lámpara requiere un esfuerzo más sostenido para realizar un trazado justo de las curvas, estudiadas a propósito para esta fase del aprendizaje.

El exprimidor requiere un mínimo de sombreado que inicia al joven dibujante en el misterio del relieve reproducido sobre una superficie plana. (Ver dibujo en pág. anterior).

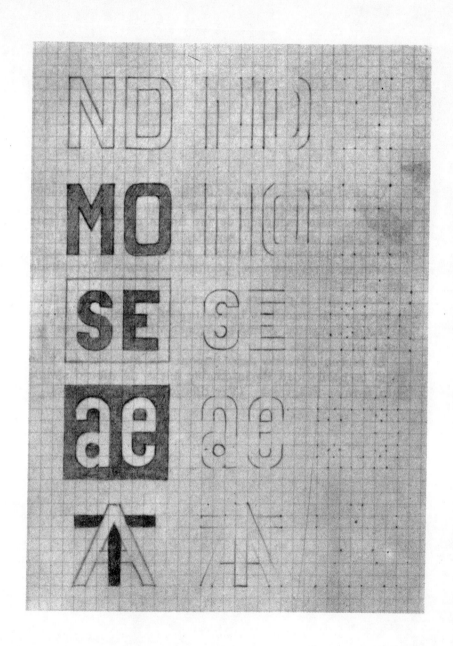

Lám. XXIX

Ya en el primer ejemplo de dibujo dirigido, proponíamos el de las letras mayúsculas de tipo imprenta.

La necesaria exclusión de las líneas curvas hacía este alfabeto muy esquemático. Aquí las letras tienen forma normal, aun siguiendo el esquema, porque las curvas, como notarán nuestros alumnos, permiten alcanzar un resultado más perfecto.

Nótese que la primera letra es clara, la segunda oscura, la tercera está inscrita y la cuarta está en negativo. El uso de estas variantes permite obtener distintos efectos sin monotonía alguna.

El último ejercicio debe imponer la atención del niño hacia la posibilidad de intercalar letras de dibujo simple para formar anagramas. (Ver dibujo en pág. anterior).

Lám. XXX

Los tipos decorativos de tipo tablero de ajedrez, como el reproducido en el dibujo XXX, suscitan siempre el entusiasmo de los jovencitos, porque dan una sensación de gran relieve que les es posible crear con medios verdaderamente limitados.

Durante la primera prueba, las posibilidades de confundirse en las posiciones de un motivo y de su gemelo no son pocas. Así pues, hay que proceder a una planificación razonada del dibujo durante la colocación de los puntos de referencia, en lo que cuenta la capacidad intelectual de los ejecutores, unida a su sentido del equilibrio de la composición.

Se recomienda el uso de un lápiz n.º 2 bien afilado para los trazos, y un lápiz n.º 1 para dar los tonos más oscuros. El sombreado más claro requiere atención y delicadeza de ejecución si se quiere obtener una tonalidad uniforme en todos los sectores y libre de manchas. (Ver dibujo en página anterior).

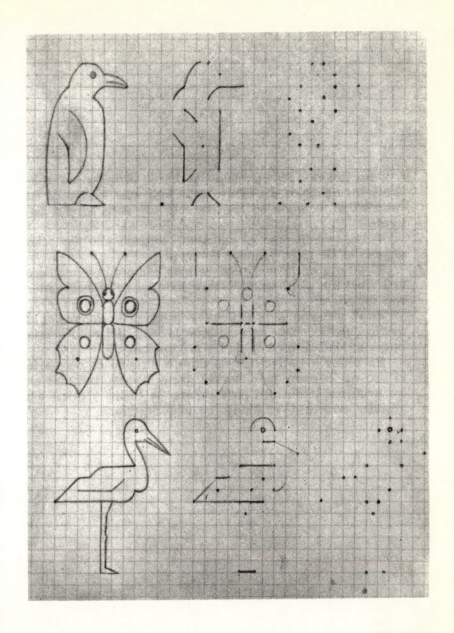

Lám. XXXI

Para finalizar los ejercicios de dibujo dirigido son utilísimos los ejemplos del dibujo n.º XXXI, que, dentro de su simplicidad, reproducen con discreta precisión formas naturales.

Véase, por ejemplo, el pingüino, formado sólo por ocho segmentos de recta y nueve de curva.

El dibujo de la mariposa es más elaborado y requiere más atención y diligencia (sobre todo, si se quiere pintar con lápices de colores).

En el esquema de la cigüeña se utiliza por primera vez el medio cuadrito para acostumbrar la vista del niño a esta nueva unidad de medida de las proporciones.

En todos los ejercicios de dibujo dirigido es necesario el uso de la goma para borrar líneas ligeras, trazadas en los primeros momentos para esbozar la forma y evitar así grandes errores. (Ver dibujo en pág. anterior).

# 8 años: las formas geométricas

Cuando los alumnos empiezan a estudiar geometría, es justamente el momento de explicar la utilidad de los instrumentos adecuados para trazar las formas regulares que constituyen el principio fundamental de todo motivo decorativo.

Es fácil demostrar que aun las formas más simples, como el cuadrado, el círculo y el triángulo, pueden ser utilizados como motivos decorativos. Basta variar su disposición recíproca, su dimensión, o el color, para obtener una cantidad indefinida de modelos. Sabido es que, en el mundo orgánico e inorgánico, existen muchos modelos geométricos considerados tanto más bellos cuanto más se acercan a una forma geométrica pura. Los cristales de todo tipo y color, los diamantes, ciertas conchas, algunas flores, frutas y animales, entran dentro de esta categoría de formas, y es justamente en estos elementos naturales donde el hombre ha buscado sus primeros temas decorativos. Por tanto, es empresa fácil ilustrar, con ejemplos prácticos, la belleza de las formas naturales y la importancia de su atenta reproducción. Por otra parte, los niños de ocho años se divierten muchísimo jugando con el compás para tratar de conseguir formas perfectas.

Trabajando con la imaginación y combinando de diversas maneras dichas formas, acaban por descubrir motivos, a veces viejísimos, que constituyen para ellos verdaderas revelaciones, tanto más importantes para su desarrollo intelectual, cuando más genuinamente se derivan de su trabajo personal. El dibujo dirigido sobre papel cuadriculado puede ser ventajosamente sustituido por el dibujo geométrico, que despertará rápidamente el deseo de perfeccionar algunas partes de los dibujos libres con regla y compás. Los niños combinan a voluntad las dos técnicas en la reproducción libre de automóviles, locomotoras, aeroplanos y todos aquellos productos de la técnica moderna que caracterizan a sus composiciones.

A esta edad, los muchachos se vuelven asiduos lectores de las revistas juveniles y tebeos, cuyos personajes favoritos copian o calcan, por el placer de verlos nacer de la nada. Hay que tener en cuenta que así aprenden muy poco desde el punto de vista técnico, y realizan un grave atentado a su propia personalidad al tratar de imitar, con medios inadecuados, a expertos dibujantes.

Así pues, tal tendencia no debe ser impulsada, sino corregida con razonamientos adecuados. Un tebeo mal copiado o calcado a discreción, vale mucho menos que cualquier muñeco inventado por la fantasía del niño.

Está todavía lejano el momento de aprender a copiar de los grandes maestros del dibujo.

Para emprender dicho trabajo hace falta haber completado antes todo un ciclo completo de estudios.

El dibujo reproducido en la tabla n.º XXXII está hecho a pluma en un cuaderno escolar de un niño de ocho años. Demuestra la eficacia expresiva del dibujo libre cuando el ambiente no obstaculiza las tendencias naturales relativas a la expresión gráfica. El autor de esta obra nació durante la segunda guerra mundial, y es fácil comprender que su

Lám. XXXII

sensible personalidad quedase impresionada por los bombardeos aéreos que vivió durante su infancia.

En aquel cruento período, él no tenía la capacidad necesaria para comprender lo que era exactamente la guerra. Sin embargo, en los años siguientes, cuando ya empezaba a captar algunos aspectos sociales y técnicos de aquella gran conflagración, su espíritu, todavía perturbado por las tremendas sensaciones de sus primeros años de vida, sentía la necesidad de exteriorizar sus sentimientos de forma eficaz. En efecto, las imágenes publicadas en las revistas o los continuos comentarios de los adultos que evocaban el período bélico le sugerían esta o aquella visión.

Si examinamos detalladamente esta obra, encontrada casualmente en su viejo cuaderno de apuntes, veremos que, incluso siendo imperfecta desde el punto de vista técnico, es extremadamente expresiva y reveladora del estado de ánimo del autor. Sólo quien ha vivido la emoción de los bombardeos podrá expresar con eficacia la violencia de las máquinas bélicas.

Lám. XXXIII

Entre las numerosas maravillas de la técnica moderna que causan impacto en la imaginación de los jóvenes, la de los misiles teledirigidos y con cabeza nuclear es la más impresionante. Los jovencitos, que hace algunos años sólo se ocupaban de los coches de carreras, hoy en día se entusiasman por estos utensilios ideados para destruir en un solo instante a cualquier enemigo, aunque se halle en el más recóndito lugar de la tierra.

Así pues, cada vez aparecen con más insistencia, en sus dibujos los misiles, cuyo aspecto oscila entre la representación realista, sacada de las fotografías publicadas en los periódicos o vistas en televisión, y la representación irreal, debida a la escasa memoria visual y al entusiasmo, los cuales suelen ser el origen de las deformaciones, multiplicaciones y añadidos, normalmente denominados con el término "fantasía".

El despegue de un misil aquí representado posee cierta fascinación, a causa de una válida representación de esa sensación de temor que lleva implícito el lanzamiento de tales ingenios.

La exageración en los detalles, que caracteriza a la expresión gráfica de los 8 años, y la absoluta minuciosidad, que en otro caso habría fastidiado, contribuyen a crear una atmósfera desordenada, confusa y un poco oprimente, pero eficaz en cuanto a representación de una emoción particular.

El mundo de las fábulas, que penetró una vez en el ánimo de los niños, ha sido anulado por la invasión tecnológica. (Ver dibujo en pág. anterior).

Lám. XXXIV

Los ejercicios de dibujo geométrico, hechos al mismo tiempo que los de dibujo libre, contribuyen a formar el gusto por el orden, por la precisión y la simetría, sin estropear en lo más mínimo el espíritu creativo, que de esta manera se enriquece con las infinitas posibilidades que la combinación de rectas y curvas ofrece a todo espíritu inquieto.

En el dibujo n.º XXXIV vemos cómo, trazando un primer círculo y fijando la punta del compás sobre un punto cualquiera de la circunferencia para trazara el segundo, y continuando el trazado de los demás fijando cada vez la punta del compás sobre los puntos de cruce formados, se llega con facilidad a la formación de un motivo decorativo. Pintando el motivo principal y el fondo de varios modos, se obtienen efectos siempre nuevos que divierten muchísimo a los muchachos.

Este motivo y otros parecidos se pueden fácilmente utilizar para decorar el papel de forrar los libros y cuadernos, cuando un toque personal al debido sentido del orden. (Ver dibujo en pág. anterior).

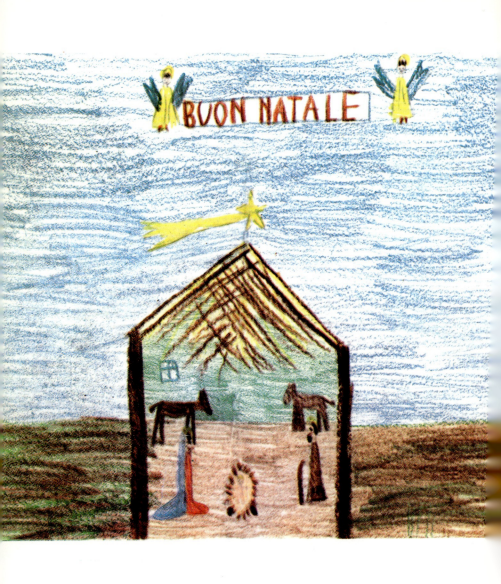

Lám. XXI

Lám. XXVI

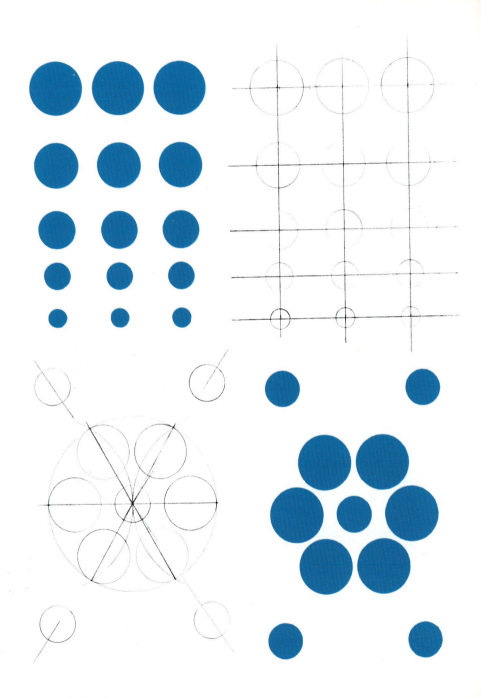

Lám. XXXV

Lám. XXXVI

Lám. XXXVII

Lám. XXXVIII

Lám. XXXIX

Lám. XLIV

Lám. XLVI

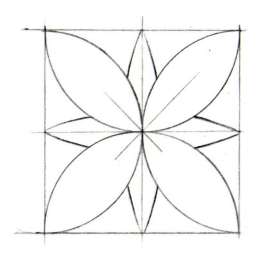
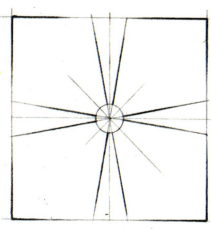

Lám. LIII

Lám. LIV

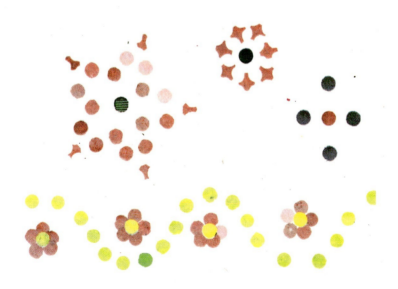

Lám. LVIII

Lám. LXI

Lám. LXII

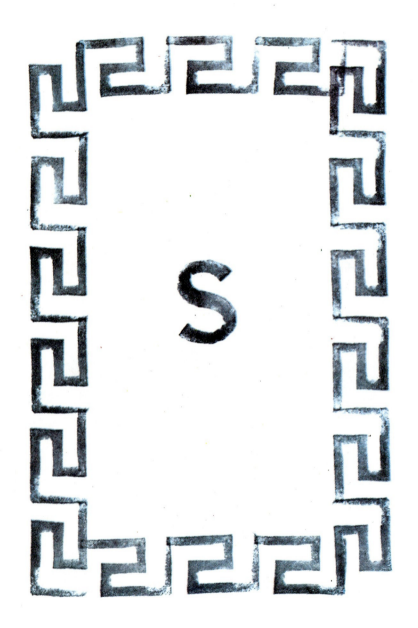

Lám. LXIII

La utilización de un motivo geométrico simple como el círculo, para la decoración de una superficie, permite infinitas variaciones. La fantasía más caprichosa puede satisfacerse cambiando las dimensiones, la posición, las superposiciones o la tonalidad, a fin de obtener todas las combinaciones deseables.

En el primer ejemplo, vemos varias pastillas de dimensiones decrecientes alineadas horizontal y verticalmente, como ejercicio elemental para los niños que empiezan a usar el compás. En el segundo, el motivo principal consiste en seis pastillas iguales puestas alrededor de una central.

Para proyectar estos ejercicios es necesario hacer algún boceto donde dar cuerpo a una idea y perfeccionarla. Cuando se decide pasar a la ejecución definitiva, basta trazar con la regla y el compás el esquema del motivo, tal y como está indicado en el dibujo.

Para pintar las pastillas la técnica más recomendable es la del normal lápiz negro, que debe ser pasado y repasado con delicadeza en todos los sentidos, sin salirse del círculo, hasta obtener un bello gris uniforme. (Ver dibujo n.º XXXV en el pliego de color).

Ahora presentamos otro ejercicio de dibujo geométrico y de pintura.

Para obtener los diversos grados de tonalidad, basta variar la presión de la mano si se adopta el lápiz. Si se utilizan los colores al pastel, hay que añadir al color escogido una cantidad de blanco cada vez mayor a medida que se va dirigiendo hacia el centro. Después de los ejercicios de pintura con los colores al pastel utilizados. Tal como están en el tubito, el niño deberá aprender a combinarlos entre ellos, con el blanco y el negro obtendrá el gris, con azul y amarillo el verde, con amarillo y rojo el naranja.

Naturalmente, el tema que reproducimos puede ser variado a voluntad, cambiando la dimensión escogida del círculo, multiplicando el número de coronas circulares, añadiendo coronas más pequeñas, etc.

Estos ejercicios, estudiados expresamente para niños de 8 a 9 años, poseen el mérito de adiestrarlos en el uso de los instrumentos del dibujo geométrico, desarrollando su espíritu de inventiva y acostumbrándose a expresarse con precisión. Son, pues, ejercicios complementarios del dibujo libre, que también apelan a la memoria visual, a la inspiración del momento y a la expresión espontánea de los sentimientos. (Ver dibujo n.º XXXVI en el pliego de color).

# 9 años: la geometría aplicada

Los ejercicios de dibujo dirigido y los de dibujo geométrico han enseñado a los niños muchas nociones nuevas sobre el dibujo en general y sobre el cuidado de la ejecución en particular, desarrollando su capacidad analítica.

Los motivos geométricos sugeridos, y su aplicación para copiar la realidad, tienden a proporcionar bases lógicas a la futura actividad gráfica del muchacho. Un constante perfeccionamiento de la técnica, puesto al servicio del espíritu creativo, permite alcanzar con seguridad un buen nivel de ejecución.

Los educadores deben utilizar con inteligencia el natural deseo de los muchachos de hacer cada vez mejor las cosas, animándoles a dar lo mejor de sí mismos y recordando no mezclar este sano impulso con trabajos enojosos o superiores a sus fuerzas.

Durante este tiempo el dibujo libre parece vivir una vida aparte, escasamente influenciada por estas nociones, a causa de su función psicológica, todavía activa, como lenguaje emotivo. En realidad, está madurando una simbiosis de sentimiento y razón que concluirá con un salto de calidad intelectual.

Un atento examen de los dibujos libres, permite extraer su íntima lógica. No debemos, por tanto, infravalorar la importancia de tales creaciones espontáneas, sino favorecer su evolución con una adecuada educación.

Las dos composiciones reproducidas en el ejemplo número XXXVII están hechas por dos alumnas de la cuarta elemental como temas libres. En "la bailarina de la Scala" se nota el esfuerzo realizado para representar la compleja actitud del cuerpo humano en movimiento.

La síntesis, compuesta sobre imágenes registradas en la memoria visual, es suficientemente viva y discretamente expresiva, pero denota la escasez de nociones técnicas necesarias para la buena realización de semejante tema. Probablemente la muchachita ha escogido este tema decorativo tan difícil simplemente porque expresa una profunda aspiración suya.

En los dos retratos femeninos son evidentes las preocupaciones estéticas de la autora. El bien peinado cabello, el colorete de las mejillas, la boca pintada y la expresión complacida revelan deseos más o menos inconscientes. (Ver dibujo n.º XXXVII en el pliego de color).

Desde el punto de vista técnico, teniendo en cuenta la edad de la autora, los dos retratos son encomiables, tanto por el cuidado enfoque de la representación del cabello, como por las justas proporciones del rostro.

Anno scolastico 54-55

Una forma geométrica simple como el cuadrado puede utilizarse como punto de partida para la formación de un motivo decorativo sugestivo y de facilísima ejecución.

Basta trazar un círculo con el compás y subdividirlo en cuatro partes iguales con dos diámetros cruzados en ángulo recto (para obtener las cuatro esquinas del cuadrado inscrito).

Dividiendo en dos partes iguales los lados del cuadrado con rectas que pasen por el centro, se sitúan los vértices de los cuadrados blancos, inscritos en los cuadrados oscuros.

Los cuadrados pueden ser alternativamente negros y blancos o de cualquier otro par de colores de suficiente contraste, para permitir una fácil lectura.

También una sucesión de cuadros blancos y negros tipo tablero de ajedrez puede resultar un motivo decorativo fácil de hacer y de bello efecto. Si los cuadrados del tablero son de varias dimensiones, de orientación distinta y parcialmente superpuestos, pueden dar lugar a combinaciones muy interesantes. (Ver dibujo n.º XXXVIII en el pliego de color).

Una vez que el alumno ha llegado a ser hábil en el uso del compás y de la escuadra, se le puede encaminar hacia la realización de pequeños motivos decorativos para pintar con colores al pastel, como en el ejemplo que presentamos aquí.

Después de trazar un círculo y dos diámetros cruzados en ángulo recto, se construye un primer cuadrado cuyos vértices coincidan con los puntos de encuentro de los diámetros con la circunferencia. Se construye entonces un segundo que pase por debajo del primero y quede orientado de tal forma que los vértices estén en la mitad de los arcos de círculo formados antes. Un tercer cuadrado más pequeño se inserta en el primero, partiendo de los puntos de encuentro de los diámetros con los lados del segundo cuadrado. Para hacer bien este ejercicio advertimos que hace falta trazar toda la construcción con líneas sutilísimas, utilizando un lápiz un poco duro, y después marcar con el lápiz blando las líneas que delimitan las zonas cromáticas.

Aconsejamos variar las dimensiones de los elementos que constituyen el motivo, cambiando también los colores, hasta obtener efectos distintos que impulsen el espíritu creador del niño, quien, apenas ha comprendido el mecanismo de la construcción, espontáneamente no dibuja otra cosa por pura diversión.

El educador no debe insistir demasiado en la exacta imitación del modelo si los instrumentos se usan correctamente y si el resultado aparece aceptable. (Ver dibujo número **XXXIX** en el pliego de color).

Esta decoración, al parecer compleja, se obtiene fácilmente con la superposición de una serie de circunferencias.

Se trazan primeramente las rectas equidistantes cruzadas en ángulo recto que delimitan los cuadrados contiguos. Fijando la punta del compás en los puntos de cruce y con una apertura igual al lado de los cuadrados, se trazan después los círculos intersecantes.

Con un poco de atención, se colorean débilmente con un lápiz las zonas oscuras, y, cuando se está seguro de no haber cometido ningún error, se pintan con un pincel fino los diversos sectores señalados. Parecidos ejercicios desarrollan notablemente las dotes analíticas de los jóvenes.

Lám. XL

El paso del dibujo geométrico al de la realidad puede facilitarse con ejercicios parecidos a éste que ilustramos.

Las hojas de muchos árboles tienen una forma regular, fácilmente insertable en una figura geométrica. La hoja del plátano, por ejemplo, es fácilmente insertable en un pentágono. Su reproducción se inicia, por lo tanto, con la construcción geométrica de dicho polígono, dentro del cual se trazan levemente los ejes principales de la hoja, aquí bien señalados por la nervatura. Después se esbozan someramente las cinco partes principales, poniendo atención en la forma de los espacios vacíos.

Terminado el primer boceto, se borran todos los signos inútiles y se procede al perfeccionamiento del contorno, trabajando siempre con gran suavidad. Cuando el dibujo ha alcanzado el grado de perfección deseado, se pasa con cuidado la goma sobre toda la hoja para atenuar todos los trazos, y después se repasa todo con la adecuada firmeza.

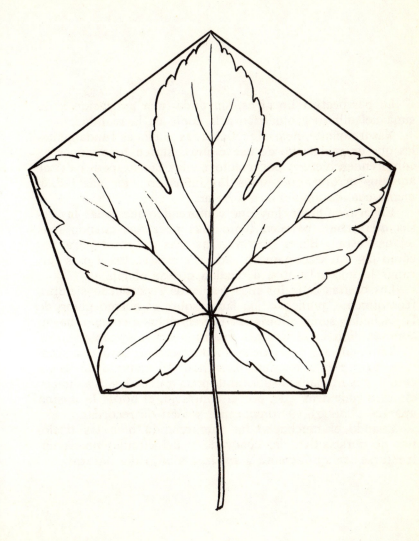

Lám. XLI

La perspectiva lineal es, sin duda, una aplicación utilísima del dibujo geométrico a la copia de la realidad.

Naturalmente, nos referimos a las nociones fundamentales que un muchacho de nueve años está en condiciones de comprender bien, y por medio de las cuales podrá evitar aquellos errores que todos los niños cometen inevitablemente cuando empiezan a dibujar.

En primer lugar, hay que comprender que todas las cosas que vemos parecen tanto más pequeñas cuando más lejanas están. Basta observar las vías del tren para ver cómo las traviesas parecen cada vez más cortas y más cercanas la una a la otra, a medida que se alejan.

Las casitas (que los más pequeños reproducen siempre frontalmente, poniendo los lados sobre el mismo plano de la fachada) serán dibujadas correctamente cuando hayan comprendido la fácil regla ilustrada en el ejemplo.

También el círculo tiene su perspectiva, cuya comprensión no presenta ninguna dificultad. El ejemplo de la cacerola, cuya tapadera se levanta poco a poco hasta aparecer circular (mientras que, por el contrario, el borde la misma aparece elíptico), es convincente y fácil de recordar.

Cuando el muchacho ha comprendido bien las nociones de perspectiva del cuadrado y del círculo, puede enfrentarse tranquilamente a realizar dibujo del natural.

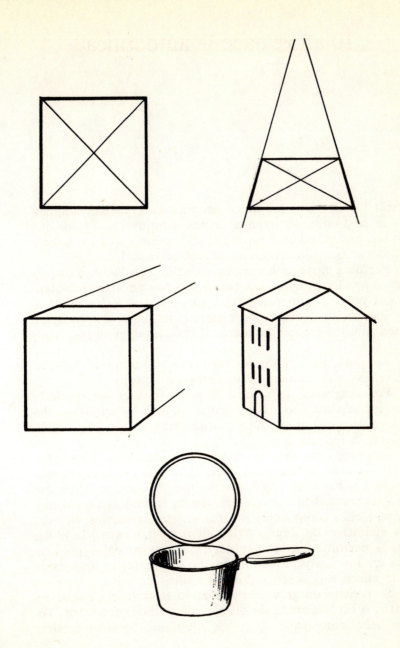

Lám. XLII

# 10 años: nace la autocrítica

Hacia los 10 años, los niños generalmente ya han adquirido la costumbre de comparar sus dibujos con los de los demás, alcanzando así un grado de madurez que les induce a valorar con ojo crítico su propia actividad.

Por otra parte, el hacer comparación con los trabajos de los compañeros, aprenden también a comparar mentalmente sus propias composiciones libres con las de los adultos. La lectura de tebeos, por ejemplo, les lleva a considerar estos dibujos como verdaderas e inalcanzables obras maestras.

Así pues, no hay que extrañarse en absoluto si "entran en crisis" y descuidan cierto tiempo el dibujo.

Por desgracia, su saludable autocrítica es interpretada por los adultos como un descorazonamiento definitivo, debido al surgimiento de nuevos intereses como el juego de la pelota, la lectura, etc.

Sin embargo, este es el momento más oportuno para atraer la atención del niño hacia la utilidad del dibujo geométrico y hacia la copia del natural. No será ciertamente una empresa difícil interesarle en la reproducción de modelos fáciles como hojas u otros objetos naturales, ligando los ejercicios de dibujo a las ciencias naturales. También puede permitírseles copiar determinados modelos publicados en los libros, a condición, no obstante, de que éstos sean adecuados desde todos los puntos de vista.

Se comete un grave error cuando se aconseja copiar retratos o directamente de dibujos de grandes maestros. Todos deberíamos saber que todo dibujante tiene su particular grafía que no admite imitación alguna, de la misma manera que cada uno tiene su propia caligrafía.

El alumno debe solamente aprender a mirar bien, es decir, debe comprender la estructura del modelo para poderlo interpretar.

Recordemos una vez más que la copia del natural no es un trabajo exclusivamente mecánico. Supone una cuidadosa elaboración intelectual que permite la representación de la realidad tridimensional sobre una superficie plana, con un estilo totalmente personal. El interés casi morboso de los jovencitos por los productos de la industria mecánica es perfectamente conocido por todos los padres y de forma especial por los educadores.

Automóviles, barcos, aeroplanos, platillos volantes, tanques y cohetes se hacen, poco a poco, con la exclusiva de los temas predilectos por nuestros hijos.

En el ejemplo n.º XLIII vemos varios modelos de aeroplanos dibujados de memoria, como pasatiempo. Se aprecia cómo la costumbre de observar atentamente los tebeos ilustrados han desarrollado el sentido de las proporciones, la precisión de las formas y las nociones de perspectiva.

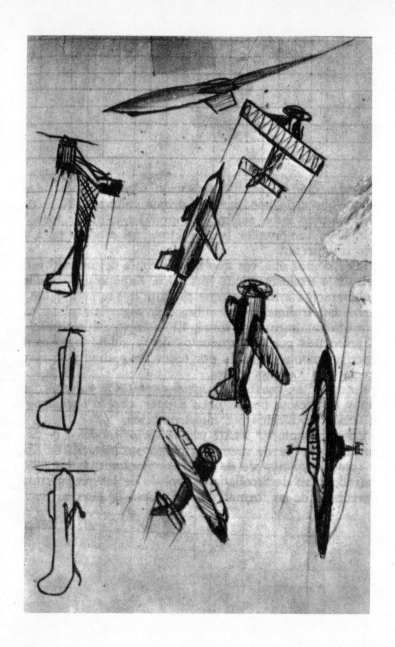

Lám. XLIII

Este dibujo puede considerarse como una composición libre, o, más bien, como un ejercicio de dibujo hecho de memoria. Muestra el grado de precisión y de desenvoltura alcanzable a los 10 años, cuando se supera de la debida forma la crisis determinada por la autocrítica.

La evolución progresiva del dibujo libre hacia una reproducción siempre más exacta de la realidad, gracias al estudio constante del dibujo, queda bien clara en este paisaje lacustre. Se notan reminiscencias del período gráfico precedente (el radiante sol) mezcladas a los recuerdos de una excursión al campo. Aparecen claros los frutos de las enseñanzas recientes de perspectiva (el puente, la barca a vela, el ciprés medio escondido por la montaña) junto a una invención ingenua como la del pescador en primer plano. (Ver dibujo n.º XLIV en el pliego de color).

Los ejercicios de dibujo geométrico propuestos en el ejemplo n.º XLV han sido estudiados para facilitar el dibujo del natural con algún sombreado. Estos cuatro motivos, aun haciéndose a compás, requieren un complementario trabajo de acabado a mano, para adiestrar tonalidades y acostumbrarles al difuminado. Lógicamente, el resultado final dependerá de la diligencia con que se haya llevado a cabo dicho trabajo. Es necesario usar con delicadeza un lápiz bien afilado y de dureza media sobre un papel ligeramente granulado, después de marcar bien los contornos de los diferentes elementos.

Para la construcción del primer tema hay que remitirse al método indicado en el dibujo n.º XXXIV. Después de trazar con suavidad los arcos del círculo, se borran con la goma los trazos inútiles, se repasan los exactos y se procede después al trabajo de sombreado, teniendo cuidado de no excederse en el negro. El segundo motivo se empieza como el anterior. Se unen entre sí después con rectas los doce puntos buscados en la circunferencia, y se traza finalmente la corona circular interior. Para construir los otros dos motivos basta seguir los modelos que reproducimos, recordando que el punto de partida es el cuadrado inscrito.

Lám. XLV

Este motivo, aparentemente complicado, ha sido hecho en pocos minutos centrando el compás en los vértices de dos cuadrados inscritos en una circunferencia y trazando ocho círculos con radio de longitud doble más largo que el lado de los cuadrados. Mirando el esquema es fácil comprender cómo se ha conseguido las fajas de colores, y cómo han sido eliminados los arcos de los círculos inútiles.

Si tras las ocho circunferencias iniciales hubiesen sido trazadas otras ocho, con centro igual y radio menor, hubiéramos obtenido ocho coronas circulares para ser trazadas de otra forma. Vale la pena especificar que, modificando aunque sea poco el número de círculos y sus dimensiones, obtendremos motivos siempre diversos que provocarán el entusiasmo de los niños.

También la distribución de los colores puede variarse a gusto del ejecutante, sin límite alguno. (Ver dibujo número XLVI en el pliego de color).

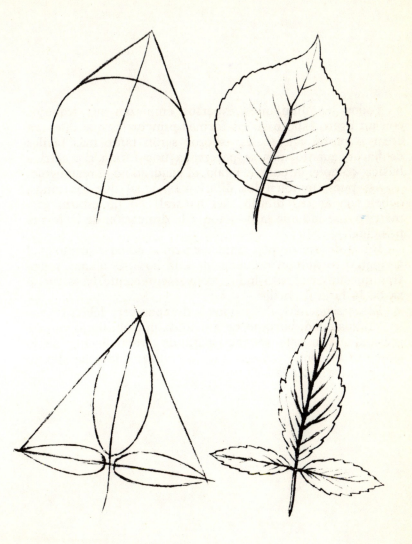

Lám. XLVII

Todos los dibujantes expertos empiezan sus trabajos con un ligero esbozo de las formas principales que intentan crear o reproducir. Tales esbozos serán tanto más fáciles de hacer, cuanto más se parezca a una forma geométrica básica, como el círculo, el óvalo, el cuadrado o el rectángulo.

Así pues, también los dibujantes, igual que los niños, deben iniciar sus dibujos del natural con un esbozo geométrico que indique la posición y la dimensión de la forma principal.

En el dibujo de pág. anterior vemos cómo el óvalo y el triángulo forman el esquema de una hoja de álamo, mientras que un triángulo indica convenientemente la estructura de la hoja de ortiga.

Estos esquemas, destinados a desaparecer, deben trazarse con suavidad, borrándose a medida que el dibujo va progresando. Con este sistema, pasando gradualmente de lo simple a lo complicado, se puede realizar cualquier dibujo con relativa facilidad.

# 11 años: el estudio del dibujo del natural

Al término de la escuela elemental, nuestros artistas en ciernes, considerados todavía como niños desde el punto de vista familiar y social, son ya, desde el punto de vista intelectual, hombrecitos y mujercitas. Ahora, más racionales, y continuando llenos de entusiasmo por todo lo nuevo, se encuentran en la mejor disposición de ánimo para proseguir en sus descubrimientos de la realidad.

El dibujo es justamente uno de los medios más accesibles para llevar adelante ese descubrimiento. Basta tener en cuenta la sustancial diferencia que existe entre una mirada superficial, echada distraídamente sobre todo lo que nuestro ambiente nos ofrece, y el atento análisis completo de quien intenta reproducirlo a través del lenguaje gráfico.

Desde luego, de un niño de 11 años no podemos pretender un lenguaje gráfico pulido y completo en todos sus aspectos, pero sí una obra cada vez más clara y coherente. Por lo demás, algunos de los trabajos presentados aquí lo demuestran elocuentemente.

En espera de que los niños estén en condiciones de elegir por su cuenta los argumentos a tratar, los padres y los educadores no deben dejar de sugerir nuevos modelos para copiar, enriqueciendo así su repertorio de imágenes. Una flor, una fruta, una hoja, un árbol, una concha, un vaso, un insecto, una silla o cualquier otro objeto, pueden ser un interesante tema de estudio y diversión.

Es esencial que el alumno no cese de dibujar y que atesore consejos de los educadores. El ejercicio continuo hará progresivamente a su lenguaje gráfico más ágil y provechoso.

El dibujo del natural debe tener ya mayor importancia, pero el libre y el geométrico no deberán abandonarse, porque el primero se perfecciona espontáneamente gracias al ejercicio, mientras que el segundo contribuye a estructurar la mente de forma lógica y consecuente.

A los once años, la representación gráfica de la figura humana, a través del dibujo libre, puede adquirir un notable nivel de realismo si los ejercicios de dibujo han sido constantes.

Las dos figuras que reproducimos han sido hecha por una alumna de primaria cuyos intereses convergen constantemente hacia la alegría de vivir más bien que hacia el estudio. De hecho, la primera figura es una caricatura de la profesora en el acto de reprender a las alumnas desaplicadas. La agitación un tanto excesiva de la figura deja entrever el juicio negativo de la alumna en el enfrentamiento con quien impone generalmente pesados deberes y estalla en exclamaciones indignadas a la vista de los escasos resultados. La turgencia del seno y el peinado hacen comprender que se trata de una mujer adulta, pero no vieja, mientras que el collar y la estrecha cintura hacen pensar en una cierta elegancia, apreciada de mal grado por la autora de la caricatura.

La segunda figura representa a su vez a una compañera de clase perteneciente a una familia acomodada, cuyo nivel de vida coincide con los deseos de la dibujante. En efecto,

Lám. XLVIII

aparece una pelota, bolsa de playa y vestida con elegante delantalito, en espera de una compañera de juegos (¿y quién puede ser esta compañera sino la misma autora?).

La aplicación del dibujo geométrico a la formación de letras de imprenta constituye un interesante y útil ejercicio, pues enseña la estructura de formas de uso cotidiano y hace comprender a través de qué elaboración se llega a su invención. (Ver dibujo en pág. anterior).

En el ejemplo, que ilustramos únicamente con dos letras, hay que hacer un esquema cuadrado subdividido a su vez en 24 cuadrados que hacen posible casi todas las letras del alfabeto mayúsculo, menos las letras redondas que se trazan con compás.

La ejecución de tales ejercicios no requieren ningún talento creativo, pero desarrolla dos dotes muy útiles: la precisión y el orden.

Lám. XLIX

Cualquiera que sea la forma que se ha de dibujar, hace falta encontrar siempre su esquema constructivo para iniciar correctamente el trabajo y evitar las infinitas correcciones que llevan muchas veces a los pequeños a romper el papel. La goma es un instrumento utilísimo para los principiantes, pero debe usarse con conocimiento. Las gomas que se venden en los establecimientos tienen generalmente una forma rectangular con las puntas redondeadas. Pero la forma más conveniente se obtiene cortando la goma en dos oblicuamente, para obtener dos superficies planas, utilizables cuando se quiera pulir zonas más bien extensas, y dos afilados cortes que sirven para borrar detalles precisos.

Usando la parte plana se afilan automáticamente las puntas, con lo cual la goma está siempre a punto.

He aquí como hay que proceder cuando se deben simplificar temas relativamente complicados como la rama de hiedra aquí reproducida. Primeramente, se encuadra el objeto en cuestión con dos líneas laterales más bien ligeras, después se indica la forma del ramillete sin hojas, y por último se señalan las hojas con figuras geométricas irregulares correspondientes a sus masas. Terminada esta operación preliminar, se dibuja, presionando ligeramente el lápiz, la forma externa de las hojas, atendiendo también a la forma de los vacíos. Después se atenúan los trazos con la goma y se repasa todo, sombreando las partes más oscuras.

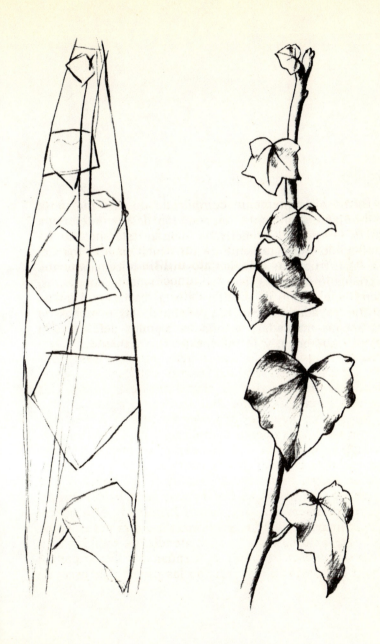

Lám. L

La forma aparentemente complicada de una mariposa puede dibujarse fácilmente, a condición de seguir la regla de oro del esquema geométrico. Cuando este método ha sido entendido perfectamente resulta fácil añadir los detalles a las estructuras principales situadas adecuadamente.

El triángulo isósceles, con lados ligeramente curvos, es, por ejemplo, el punto de partida de esta mariposa. Algunas nerviaturas rayadas indican la posición de las manchas de colores apenas marcadas; se añaden algunos detalles a la cabeza y al abdomen, y la mariposa está terminada.

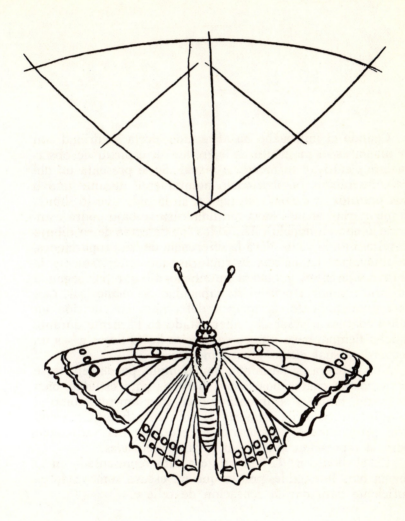

Lám. LI

Cuando el muchacho ha alcanzado cierta seguridad con la mano, es el momento de ejercitar su espíritu de observación y cultivar su memoria visual. Se le presenta un objeto, invitándole a observarlo atentamente durante uno o dos minutos, y después se tapa y se le pide que lo dibuje de memoria (cuando haya terminado su trabajo podrá compararlo con el modelo). Así, todos los defectos de su dibujo le saltarán a la vista. Verá la diferencia de las proporciones, se interesará en ciertas estructuras que anteriormente le eran indiferentes, y querrá intentarlo dibujar por segunda vez, para poner a prueba su capacidad de memorizar. Con este procedimiento, la imagen del objeto en cuestión un tanto confusa a pesar de haber estado en la mente durante mucho tiempo, poco a poco se precisa hasta llegar a ser un recuerdo visual nítido y permanente.

Una cafetera de aluminio, por ejemplo, puede retratarse al menos en cuatro posiciones distintas para estudiar bien la forma, tanto si se intenta copiar directamente, como si se quiere trabajar de memoria. No obstante, hace falta siempre, primeramente, encontrar el esquema más adecuado para la representación de sus formas esenciales.

En el dibujo n.º LII la cafetera está representada en la forma más inteligible, por lo que un escaso sombreado es suficiente para dar la sensación de relieve.

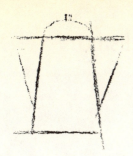

Lám. LII

# 12 años: hacia el realismo

Alcanzados los doce años, nuestros jóvenes aprendices han acumulado ya tal cantidad de experiencia gráfica que están en condiciones de afrontar sin preocupaciones las enseñanzas necesarias para el aprendizaje de un oficio o la preparación para el liceo artístico.

El capítulo dedicado a la técnica gráfica perfeccionará su cultura, haciéndoles expertos, incluso en los procedimientos menos usuales. Junto a la diversión, siempre unida al conocimiento de cosas nuevas, ellos podrán satisfacerse en la creación de composiciones, cuya utilidad práctica no pasará por alto el lector.

La extrema torpeza del dibujo de los primeros años ha sido superada. El constante control de la obra, a través del enfrentamiento con la realidad, hace a los muchachos conscientes del trabajo necesario todavía para alcanzar metas más avanzadas.

La reproducción de la realidad, iniciada, como hemos visto, a los 3 años con resultados a veces desconcertantes por su ingenuidad, se convierte en la preocupación principal de los niños de 12 años.

Por lo tanto, a esta edad son recomendables las visitas a los museos, junto a las consultas de libros especializados, para ampliar la cultura pictórica y el conocimiento del mundo a través de la personalidad de los artistas.

Las formas naturales son a veces tan simétricas y regulares como para prestarse a una esquematización perfectamente geométrica.

El romero salvaje (arriba, dib. LIII) y la clemátide no

se prestan sólo a su inserción dentro de un cuadrado, sino que pueden dibujarse casi por entero con compás y regla (entiéndase que esta afirmación vale solamente para su visión frontal, que es la más decorativa).

Los muchachos que estén ya acostumbrados al uso de los colores al temple, podrán divertirse obteniendo, de esquemas trazados primeramente con lápiz, flores de diversos colores y formas, tal y como está indicado en el modelo.

Muchas otras flores pueden encuadrarse perfectamente bien con el pentágono o el hexágono, pero dejemos a los mismos niños el placer de descubrirlos y reproducirlos. (Ver dibujo n.º LIII en el pliego de color).

Este retrato femenino ha sido inventado por una niña de doce años que ha estudiado las proporciones del rostro. Ciertas incongruencias típicas del dibujo infantil son todavía visibles; no obstante, resalta la calidad de la obra realizada con las dotes naturales ayudadas por los conocimientos técnicos.

Muchos adultos se considerarían afortunados si pudieran hacer un dibujo parecido, hallándose en las ya conocidas condiciones de analfabetismo gráfico. Por el contrario, serán suficientes algunos años de trabajo asiduo para transformar a esta muchachita en una óptima dibujante.

Decimos intencionadamente "dibujante" y no "artista", porque las dotes de inteligencia y sensibilidad que distinguen a los artistas no pueden obtenerse mediante la enseñanza, sino solamente ayudarse en ella. (Ver dibujo número LIV en el pliego de color).

Lám. LV

En la parte superior de este ejemplo, se puede ver cómo un muchacho, que ha practicado solamente el dibujo libre, consigue dibujar una sencillísima naturaleza muerta.

El hecho de tumbar el plano superior del paralelepípedo el achatamiento de la base de los dos objetos y la ausencia de perspectivas, son indicios de ese "realismo intelectual" que caracteriza la expresión gráfica de los niños de menor edad. El grosor de los contornos testimonia una deplorable costumbre adquirida al principio de la actividad gráfica y no enmendada después.

En la parte inferior, se ve cómo debería ser la reproducción de la naturaleza muerta. Así podría haberla dibujado un muchacho que hubiera seguido los consejos de sus educadores. (Ver dibujo en pág. anterior).

Lám. LVI

El deseo de acabar los dibujos con el sombreado adecuado no debe contenerse más, especialmente si el alumno demuestra tener la capacidad necesaria para alcanzar dicha meta.

Pero no se debe empezar por objetos de cualquier forma, sino por modelos planos, como la hoja que reproducimos, para facilitarle el aprendizaje necesario de la técnica.

Aquí se ha utilizado un papel un poco granulado y un lápiz del n.º 2 manejado con habilidad para crear, con el difuminado debido, la delicada superficie de la hoja.

Ejercicios parecidos a este son recomendables para los que se disponen a estudiar el sombreado. (Ver dibujo en pág. anterior).

Lám. LVII

Aquí llegamos al ejemplo final de los que han constituido nuestro viaje a través de las vicisitudes del dibujo infantil.

Del primer "renacuajo", hecho instintivamente, y pasando a través de los monigotes y los hombrecillos más o menos logrados, hemos llegado a la representación programada y ejecutada con cuidado y habilidad.

Como se puede apreciar, las explicaciones sobre la simplificación de las formas y sobre proporciones han sido bien comprendidas. Si en los dos personajes visibles arriba se notan ciertas debilidades, debido a que se trata de invenciones, en los dos bosquejos del natural, reproducidos en la página anterior, ya se nota la mano suelta y rápida de un artista en ciernes.

# Conclusión

El estudio de las manifestaciones gráficas espontáneas del niño y de sus primeros pasos hacia el aprendizaje racional de la técnica del dibujo, escrito con intención de ayudar a los padres que quieren seguir este aspecto de la formación de sus hijos, o para proveer de un método de enseñanza a los educadores de los pequeños, ha llegado, con el capítulo dedicado a los niños de doce años, a su conclusión.

   Los ejemplos prácticos incluidos en las páginas deberán evitar cualquier equivocación y facilitar la aplicación de los principios enunciados. Queremos recordar a los padres que la disposición natural al dibujo de los niños debe dirigirse con inteligencia, con tacto, sin apostrofarles nunca y sin presumir de poder llegar a un determinado resultado saltándose ciertas etapas obligatorias. La experiencia enseña que, quien da el paso más largo que la pierna, cae y pierde el ánimo. Debemos evitar la rivalidad entre los niños; cada cual debe expresarse como mejor crea, sin ser molestado con competiciones, nocivas y nada educativas. No pensemos en dirigir al niño hacia un determinado fin para satisfacer nuestro propio orgullo de padres; eduquémosle únicamente para ayudarle a divertirse y a expresarse con libertad y sinceridad.

   Hasta hace pocos años, el dibujo se tomaba en consideración únicamente bajo su perfil profesional, ya como aprendizaje de una técnica útil para una industria en particular, ya como camino para el estudio de un arte figurativo, pero nunca era considerado como un lenguaje particular al alcance de todos.

Hacen bien, pues, los padres y educadores que cuidan este aspecto de la educación de sus hijos y de sus alumnos. La simple espontaneidad no puede llevar muy lejos. Basta observar lo que sucede cuando un muchacho comete un error cualquiera y el educador se lo hace notar: reconoce rápidamente lo justo de la observación y se pregunta cómo ha podido pasársele por alto un error de tamañas dimensiones.

Además, el muchacho se vuelve más maduro en la medida en que sabe aceptar las críticas de quien tiene más experiencia.

Juan Bautista Vico afirmaba que el dibujo es una disciplina altamente educativa, que desarrolla especialmente la fantasía, la memoria y el ingenio. Nosotros con este libro, esperamos haber realizado una pequeña contribución al desarrollo de dicha disciplina.

# Las técnicas gráficas

Entre los primeros instrumentos gráficos utilizados por el niño se encuentra el lápiz y la tiza, prácticos por su fácil uso y por la rapidez del resultado. Pero la familiaridad cada vez más extensa y profunda que adquiere con los variadísimos materiales que la técnica moderna pone a su disposición le empuja a usarlos, a fin de obtener resultados nuevos.

A todos los niños les está permitido ciertamente jugar con chinas, botones, trocitos de madera o papel, que puestos en fila o reunidos de cierto modo le permiten obtener cualquier motivo decorativo o descriptivo. El significado de este juego puede pasar desapercibido a los demás, pero para el autor asume a veces una importancia primordial, debido a su función simbólica.

Y así, de esta tendencia natural ha nacido por ejemplo, la técnica del "collage" (término francés que significa "encolar"), que consiste en la composición de determinadas representaciones mediante trocitos de papel, o de otro material, de variadas formas y diversos colores, pegados sobre soportes de diferentes géneros. Esta técnica permite los más variados efectos y, además, se presta perfectamente a la actividad de los más pequeños.

Desde el punto de vista psicológico, los retales encolados están en relación con el sentimiento y con el sentido de la composición del pequeño en mayor medida que el dibujo, que a veces se presta más al análisis descriptivo y cognoscitivo. La posibilidad de cambiar de posición sobre el fondo las diversas piezas recortadas, antes de fijarlas definitivamente con cola, constituye la mayor ventaja gráfica del "collage" sobre el dibujo. Representa un paso importante hacia la composición pictórica.

En efecto, el encolado de trozos de papel de varios colores sobre un fondo uniforme lleva naturalmente a la superposición de sus diversos elementos constitutivos, cuando es necesario corregir o perfeccionar una forma dada, del mismo modo que el pintor corrige las formas con los toques de su pincel.

Para los niños menores de cinco años no es aconsejable la utilización de tijeras. Sin embargo, puede arrancar con los dedos los pedacitos de papel que sirven para la composición, son lo que al propio tiempo desarrollan su habilidad manual.

En los dos ejemplos que reproducimos se ha utilizado únicamente un material corriente y de poco precio: *confetti* y *serpentinas*. Con un poco de paciencia y un tarro de cola puede darse vida a las más variadas invenciones: guirnaldas o escenas diversas, dibujo geométrico o retratos. Todo puede tomarse como tema.

Cada niño imprimirá su sello personal a los motivos que mejor se adapten a sus gustos. (Ver dibujo n.º LVIII en el pliego de color).

# Huellas vegetales

Las primeras lecciones de historia natural atraen la atención de los niños sobre las formas de las plantas y de las hojas. A veces las recogen en el campo y las colocan entre las páginas de un cuaderno. Pero no todas las hojas resisten la desecación o conservan su bonita forma. Conviene pues, conocer un método sencillo y divertido de conservación de las formas vegetales más interesantes.

Como se ve claramente en los dibujos LIX y LX, existe un método muy fácil para grabar las huellas de las hojas sobre el papel, del mismo modo que pueden imprimirse las huellas digitales.

Se entinta un rodillo de goma y se desliza éste sobre una hoja colocada sobre una superficie plana. Luego se apoya con la debida delicadeza la parte empapada sobre una hoja de papel blanco. Se obtiene una reproducción exacta de los nervios y contornos de la hoja. Sólo las más pequeñas pueden ser presionadas con la palma de la mano. Sobre las demás se superpone una hoja de papel y se aprieta suavemente con los dedos en todos sentidos, partiendo del centro. La tinta usada comúnmente es la tipográfica, que se vende en tubitos en las droguerías, pero puede utilizarse cualquier color y cualquier tinta, con tal que no sea muy fluida y se seque con rapidez. Los colores al temple, previamente diluidos en agua y extendidos sobre las hojas con un pincel blando, permiten variar a voluntad las tonalidades de la huella. Así pueden reproducirse con fidelidad los matices naturales de la hoja.

Si se desea conseguir un motivo de ajedrez o de tapicería, debe trazarse con el lápiz una red, que podrá borrarse una vez terminado el trabajo, cuando los colores estén perfectamente secos.

El papel sobre el que se graba la huella puede ser también de varios colores. Se consiguen bellísimos efectos, por ejemplo, con acuarelas plateadas o doradas sobre fondo muy oscuro.

Los niños de ocho años en adelante se divierten de lo lindo reproduciendo muchas veces el mismo motivo en varias posiciones. Esto les ayuda además a desarrollar su sentido decorativo, afinan los movimientos de los músculos y aprenden a trabajar sin ensuciarse las manos. Durante las primeras pruebas, los niños graban muchas más huellas digitales que vegetales. Para limpiarse los dedos de las inevitables manchas, se recurre sencillamente al agua y jabón, tratándose de acuarelas. Cuando se trabaja con tinta tipográfica, se utilizará un trapo empapado en gasolina o trielina.

Si se quiere economizar al máximo en la adquisición del material, puede utilizarse como entintador un pedazo de cámara de aire de bicicleta colocado sobre una madera de forma cilíndrica.

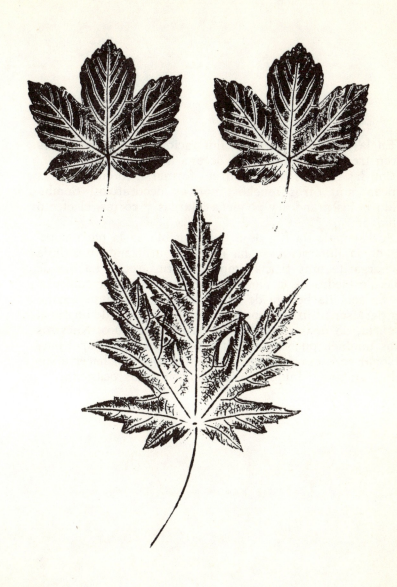

Lám. LIX

En la parte central de la ilustración que reproducimos se ven tres huellas diferentes de una hoja de margarita.

Con las mismas hojas podrían formarse coronas, cruces llameantes u otros muchos motivos decorativos. Combinando hojas grandes y pequeñas, largas y cortas, el efecto es mayor.

Por ejemplo, la fila de árboles visible en la parte superior de la ilustración se ha obtenido utilizando una hoja de margarita muy tierna, impresa varias veces. La fila de hojas de hiedra de la parte inferior exime mayor comentario. La sencilla belleza de su forma es lo bastante decorativa para ser utilizada, por ejemplo, como sigla de un papel de carta, de unas tapas de cuaderno o de libro. Nuestros niños también pueden divertirse preparando un papel muy personal para envolver los regalos que quieren hacer a sus padres amigos o familiares, en determinadas ocasiones.

Lám. LX

# Las patatas «gráficas»

Si la naturaleza nos suministra con abundancia un material fácilmente reproducible como las hojas, el ingenio de algún muchacho despierto ha sabido encontrar, en la infinita gama de materiales que ésta nos ofrece, un producto agrícola de bajo coste y al alcance de todos, con el que se pueden fabricar moldes que dan huellas nítidas y en cantidad ilimitada.

Hablamos de la patata. En efecto, si se corta una patata con un cuchillo afilado se obtienen dos superficies planas, moderadamente elásticas, recortables con un cortaplumas, para obtener una matriz cuya huella se reproduce como si fuese un sello de goma.

Ante todo, debe elegirse un tema sencillo, cuyo contorno se dibuja con un pincelito empapado en la tinta sobre la superficie húmeda que ha de recortarse. Se sigue dicho contorno con un cortaplumas, mantenido en posición vertical, de modo que se corte la patata a bastante profundidad.

Por último se quitan las partes inútiles manejando el cortaplumas más o menos horizontalmente, según las necesidades, hasta alcanzar la parte profunda del primer corte, cuidando de no estropear las partes más delicadas del motivo.

Si la primera prueba no sale perfecta, es fácil cortar la patata y eliminar la parte estropeada para comenzar de nuevo el trabajo en la porción restante.

Para entintar el molde se utiliza un tampón de goma para sellos, o se vierte un poco de tinta sobre una hoja de papel absorbente doblada dos veces para formar una almohadilla entintadora de bajo coste y fácilmente utilizable.

Conviene elegir las patatas redondas y duras, para evitar defectos internos.

En otros casos, en lugar de las patatas pueden utilizarse zanahorias, aunque se empapan con más dificultad.

Como en las composiciones realizadas con la huella de las hojas, pueden trazarse sobre el papel ligeras cuadrículas a lápiz para disponer las huellas de forma ordenada.

Este tapizado de tréboles de cuatro hojas se ha hecho, en unos pocos minutos, con el método descrito.

Una composición más densa crearía la ilusión de un prado de tréboles, En cambio, una atinada mezcla con otros motivos generales formaría un prado primaveral, cuya extensión puede variar a voluntad. (Ver dibujo n.º LXI en el pliego de color).

En esta ilustración, los motivos utilizados para la decoración son dos: una estrella de quince puntas y una más pequeña de diez puntas.

La estrella más pequeña se ha recortado de una zanahoria, cuyo entintado más pálido contribuye a variar la composición.

Naturalmente, pueden obtenerse efectos siempre nuevos variando los colores y los tonos. (Ver dibujo n.º LXII en el pliego de color).

Las grecas, que nuestros niños ya han aprendido a conocer cuando realizaban los ejercicios de dibujo orientado, pueden cortarse en las patatas, para hacer bordes decorativos, como en el ejemplo aquí reproducido, realizado por un niño de diez años. (Ver dibujo n.º LXIII en el pliego de color).

# La lineografía

El grabado del linoleum, llamado lineografía, exige un procedimiento similar al de los moldes con patatas.

El principio en que se basa es idéntico al de la xilografía: se trata de trazar con un lápiz o una pluma, sobre la superficie plana de un pedazo de madera o de linoleum, el dibujo esbozado de un tema cualquiera, para tallar luego con los instrumentos adecuados las partes del linóleo o la madera que corresponden a las zonas blancas, para dejar en relieve todos los extremos que han de quedar impresos. Terminado el trabajo de grabado, se entinta con un pequeño rodillo la matriz obtenida y se imprime sobre una hoja de papel blanco.

El linóleo se presta a la actividad gráfica de los muy jóvenes porque es mucho más blando que la madera y se trabaja con mayor facilidad. Con tres pequeños instrumentos en forma de pluma de acero de diverso grosor, y clavados en un mango, se corta la superficie del linóleo, cuidando de no alcanzar la trama de sostén. Se aconseja a los principiantes que realicen algunos ejercicios de adiestramiento, como se indica en la parte inferior del dibujo LXIV, para pasar luego al grabado de un tema formado sólo por líneas blancas sobre fondo negro.

Este tipo de grabado permite llegar rápidamente a un resultado que sirve de paso previo a la anhelada reproducción sobre papel.

Para entintar la matriz es menester entintar antes el rodillo, que suele facilitarse junto con los pincelitos para grabar, deslizándolo en todos los sentidos sobre un már-

Lám. LXIV

mol, un cristal o una mesilla de formica, sobre la que se habrá vertido un poco de tinta tipográfica.

Una vez entintada la matriz, se coloca sobre ella con cuidado un pedazo de papel. Se desliza un rodillo limpio para adherirlo con cierta energía a la tinta, colocada sobre la incisión, y recibir después una huella perfecta.

Se aconseja levantar con precaución un extremo de la hoja para ver si la presión ha sido uniforme y suficiente. En caso contrario, puede frotarse con cierta energía en las partes del papel que lo requieran, para lograr una impresión uniforme.

En algunas escuelas donde se practica la enseñanza activa y donde los niños preparan su diario de clase, la lineografía se utiliza normalmente para ilustrar los temas o las noticias que se incluyen. (Ver dibujo en pág. anterior).

*Instrumento para grabar el linóleum*

**Lám. LXV**

La lineografía del grabado LXV se ha realizado siguiendo la técnica del trazo o de la mancha negra sobre fondo blanco, en vez de utilizar el sistema de la ilustración de página 153.

El trabajo necesario es mucho mayor. Pero, si sobre el linóleo se prepara un dibujo exacto de las partes que melle el utensilio, con un poco de atención y la debida experiencia no será difícil conseguir buenos resultados.

Los padres no deben olvidar que las técnicas gráficas tienen que enriquecer los conocimientos del niño y aumentar su habilidad manual, adiestrándole en el manejo de los más variados instrumentos, más que facilitar los medios para crear obras de arte.

# Indice

*Introducción* . . . . . . . . . . . 5

La edad preescolar . . . . . . . . . . 9
La edad escolar . . . . . . . . . . . 15

Ejemplos ilustrados y comentados
  3 años: un nuevo juego . . . . . . . . . 23
  4 años: entre el realismo intelectual y el simbolismo 35
  5 años: la expresión de los sentimientos y de las
         sensaciones . . . . . . . . . . 52
  6 años: un poco de disciplina . . . . . . 64
  7 años: el análisis de las formas . . . . . 75
  8 años: las formas geométricas . . . . . . 89
  9 años: la geometría aplicada . . . . . . 99
  10 años: nace la autocrítica . . . . . . . 110
  11 años: el estudio del dibujo del natural . . . 119
  12 años: hacia el realismo . . . . . . . 130

Conclusión . . . . . . . . . . . . 139
Las técnicas gráficas . . . . . . . . . 141
Huellas vegetales . . . . . . . . . . 143
Las patatas "gráficas" . . . . . . . . . 148
La lineografía . . . . . . . . . . . 152

*Impreso en España por*
LIMPERGRAF, S. L.
Calle del Río, 17. Nave 3
Ripollet (Barcelona)